除了野蛮国家，整个世界都被书统治着。

司母戊工作室
诚挚出品

BRINGING UP CHILDREN THE DUTCH WAY

The Happiest Kids in the World

荷兰育儿法

养育全世界最快乐小孩的秘密

［美］瑞娜·梅·阿科斯塔（Rina Mae Acosta）
［英］米歇尔·哈奇森（Michele Hutchison）　著

郭子辰　译

人民东方出版传媒

东方出版社

瑞娜一家

瑞娜·梅（Rina Mae）

我是一名亚裔美国作家，同我的丈夫布拉姆和两个孩子一起，住在荷兰的一个村庄里。我原来生活在旧金山的湾区，但很喜欢作为一名外国人在欧洲生活。

布拉姆（Bram）

我的丈夫是一位荷兰企业家，他很喜欢在"爸爸日"跟朱利叶斯和马泰奥待在一起的时光。

布拉姆·朱利叶斯（Bram Julius）

我们的第一个孩子，一个喜欢探索新事物的可爱男孩。他喜欢听睡前故事和吃那些撒在食物上的巧克力碎（hagelslag）。

马泰奥（Matteo）

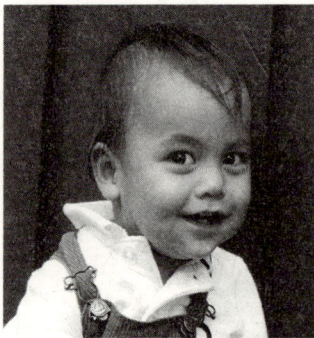

我们家的第二个宝宝。他很容易满足。他一开始睡眠并不好，但是现在喜欢有规律的进餐、睡觉和玩耍。

米歇尔一家

米歇尔（Michele）

马丁（Martijn）

我原来生活在英国的中部地区，当怀上第一个宝宝时，搬到了阿姆斯特丹。除了翻译和写作，我大多数时间都待在田圃里。

我的丈夫是一位荷兰出版商。他是一个十足的亲英派，很喜欢在厨房里准备美味。

本（Ben）

艾娜（Ina）

我们的大儿子。最近刚开始上中学，疯狂地喜欢跳舞。

我们的女儿。是一个精力十足、热爱运动的女孩，对数学抱有极大热情。

▌译者简介

郭子辰　学前教育硕士，毕业于北京师范大学。通过专业英语八级，曾参与翻译多部教育类书籍。热爱教育，热爱自然，从事自然教育的实践与推广工作。

说明：本书内容由两位作者合作完成，故正文采用不同字体予以区分。

目录
CONTENTS

推荐序：献给我们的孩子

常常听见中国的年轻妈妈养孩子的焦虑："上什么幼儿园呀？""要不要送孩子上辅导班呀？上什么班好呀？"有的父母看到孩子学习很辛苦，本不想让孩子上辅导班，但看到朋友同事的孩子都上辅导班了，怎么办？怕孩子落后吃亏，又赶紧让孩子到辅导班去受罪。中国年轻妈妈都似乎害了孩子学习的焦虑症。

怎么消除这种焦虑症？那就看看荷兰的爸爸妈妈怎样教养孩子的。荷兰是一个老牌资本主义国家，地域狭小、人口不多、资源贫乏，但创造了许多奇迹，科技先进、工业发达、环境优美，是世界最富裕、生活最优裕的国家之一。靠的是什么？是人才，是教育。从本书中可以看出，荷兰人教育的最大特点是让孩子充分自由的发展。"荷兰孩子是全世界最快乐的孩子"，这是联合国儿童基金会 2013 年的调研报告。为什么荷兰的孩子最快乐？因为"在荷兰，童年充满着自由与无拘无束的玩耍，很少有学业压力"。可见学习知识并非儿童成长之必需。

现在脑科学研究已经说明，人类大脑中负责记忆的海马体到十几岁才能完全发育成熟。学习知识并非越早越好。儿童的情感、情绪却在出生以后就开始发展，因此父母与儿童的交往非常重要。父母用更多的时间与儿童交往，让孩子从小养成积极的情绪、开朗的性格，一生才能幸福。所以有些家长说："为了将来的幸福，只好牺牲童年的幸福。"这完全是错误的思想。儿童从小埋头于学业，养成自我中心、孤僻的性格，将来能有幸福吗？因此，我要说："没有童年的幸福，也不可能有将来的幸福！"

不用多说了，读读本书吧，看荷兰的妈妈说的是什么，中国的妈妈能否悟出点育儿之道。

张成远

荷兰育儿法：养育全世界最快乐小孩的秘密

推荐语

"那些背负太多育儿期待、备感压力的父母们，肯定会喜欢这令人耳目一新的书。他们能够看到另一种文化下的父母会如何应对同样的育儿问题。阿科斯塔和哈奇森向我们呈现了，荷兰父母也是育儿高手。"

——《出版人周刊》(*Publishers Weekly*)

"这是一本令人大开眼界的书，呈现了诸多极为需要的视角。下辈子，我想成为荷兰人。"

——帕梅拉·德鲁克曼（Pamela Druckerman），著有《法国孩子不乱扔食物》(*French Children Don't Throw Food*)

"这本书太吸引人了，我真心希望自己能早点读到它！在读这本书的过程中，我越来越希望我们全家都能搬到荷兰……"

——莎拉·特纳（Sarah Turner），著有《养育孩子不枯燥》(*The Unmmusy Mum*)

"清晰且简洁……在过去一年里，这是我在办公桌上无意发现的最有说服力的一本书。"

——《星期日泰晤士报》(*Sunday Times*)

"虽然我已经有孩子了，但是这本书让我（几乎）想再要生一个孩子，这样我就能够按照荷兰的方式养育孩子了！"

——珍·曼（Jen Mann），《纽约时报》畅销书《我想把他打得头破血流》（*People I Want to Punch in the Throat*）的作者

"你会发现养育快乐小孩的全部秘密竟然源自生活日程、家庭时光、独立自主、合理期待，还有巧克力碎。这是多么快乐的一件事呀。"

——《纽约邮报》（*New York Post*）

"压力少一些，放松多一些，这就是养育快乐孩子的秘诀吗？现在是时候按照荷兰人的方式养育孩子了。"

——今日网（Today.com）

"养育快乐小孩的关键？……像荷兰人那样做吧。"

——《华盛顿邮报》（*Washington Post*）

"你是否已经开始疯狂地查阅移民信息，并且盘算着多久后，你就能买一张飞往荷兰的机票去看看房子？我也是……毫无疑问，我们都能够从荷兰人的生活理念中获得许多启发。"

——牙牙学语育儿网（Babble）

"如果你渴望找寻一种更为轻松的育儿方式，想要为孩子营造一个带有较小压力的环境，那么你必须要读一读这本书。"

——《图书馆杂志》（*Library Journal*）

前言：养育全世界最快乐小孩的秘密

　　两个蹒跚学步的孩子相互打闹着爬上了攀登架，飞快地从滑梯上滑了下来。妈妈们正坐在一旁的公园长凳上，喝着咖啡，沉浸在彼此的聊天中。在远处，有一条汪汪叫的小狗，一个骑着平衡车的小男孩，还有一位推着手推车的老爷爷。一群穿着运动服的大孩子们在自行车道上骑车，相互追逐、嬉笑，带着的曲棍球棍在车轮边摇摇欲坠地晃动。他们超过了一位骑得比较慢的年轻妈妈。这位妈妈车子前面坐着一个小婴儿，后面坐着一个看起来刚会走的孩子。一群小姑娘在草地上抛球抢球，她们的欢声笑语在空中回荡。不远处，两个男孩正努力提升着他们的滑板特技。这些已经上学的孩子不会再有大人跟着。

　　这不是电影中才有的幸福画面。这是位于阿姆斯特丹的冯德尔公园里一个平常的星期三的午后。在荷兰的每一个角落无时无刻不在上演着相似的场景。

　　一项由联合国儿童基金会（UNICEF）在 2013 年发布的研究表明，荷兰孩子是全世界最快乐的孩子。根据调查者的研究，在29 个全球最富裕的发达国家中，荷兰孩子的幸福度比其他国家同龄孩子的更高。在此次调查中，英国排在第 16 位，而美国则排在第 26 位，仅仅高于在此次调查中最贫穷的三个国家：立陶宛、拉脱维亚和罗马尼亚。荷兰的孩子在以下评分项目中排名前五位：物质财富、健康和安全、教育、行为与风险、住所和环境。确切地说，荷兰在行为与风险项目的得分最高，教育项目得分同样是最高的（英国在该项目排名第 24 位）。让荷兰孩子来评价自己的幸福水平时，超过 95% 的孩子认为他们很快乐。诸如英国儿童贫困行动小组和世界卫生组织等的调查研究，同样突出了孩子在荷兰成长的好处。联合国儿童基金会的此次调查是 2007 年一项调查的后续研究。在 2007 年的研究中，第一次宣布荷兰是促进儿童幸福成长的最佳榜样，英国和美国则排在最后两位。

此外，一项新的调查同样表明，相比于美国的婴儿，荷兰的婴儿更加幸福。这项研究通过对比在美国和荷兰出生婴儿的气质差异发现，荷兰婴儿拥有更多的微笑和拥抱，从而具有更多的满足感。荷兰婴儿也更加容易安抚，而美国婴儿则表现出更多的恐惧、悲伤和失望。心理学家将这种差异归因于这两个国家养育孩子的文化习俗。让我们感到非常吃惊的是，没有人对此感到大惊小怪。

我们是分别来自美国和英国的两位妈妈，丈夫都是荷兰人，孩子都在荷兰长大。我们不难发现荷兰孩子到底有多快乐。从我们一开始描述的场景中，或许会让你产生这种疑问：为什么荷兰的孩子能够自由自在地成长，而我们所在国家的孩子却无法享受到这份自由。这里列举了一些荷兰孩子和英美孩子的不同之处。

荷兰育儿法：养育全世界最快乐小孩的秘密

◆荷兰婴儿能享受到更多的睡眠。

◆荷兰孩子经常跟家人一起吃饭。

◆荷兰孩子被鼓励表达自己的想法。

◆荷兰孩子可以自己骑车上学，家长对此很放心。

◆荷兰孩子可以自己在外面玩，不用被大人看着。

◆在小学期间，荷兰孩子几乎没有家庭作业。

◆荷兰孩子能享受更多跟父母共处的时光。

◆荷兰孩子懂得享受简单的快乐，即便得到二手玩具也会很开心。

◆最后一点同样重要，荷兰孩子能在早餐面包上撒满巧克力！

在荷兰，童年充满着自由与无拘无束的玩耍，极少有学业压力。快乐总是伴随着这里的孩子。一旦你接触过他们直率的沟通方式，便不难感受到那种合群、友善、健谈、让人耳目一新的坦率与直抒胸臆。荷兰孩子是乐于助人且积极主动的。他们懂得如何自娱自乐，不需要大人们时刻的关注。

当我们谈论荷兰孩子很快乐，不是说他们常常高兴得跳起来，总是无比兴奋，或是不由自主地沉浸在法瑞尔·威廉姆斯（Pharrell Williams）那首《快乐》的歌曲里。荷兰孩子满足且自信，能保持跟家人的重要联结，建立忠诚的友谊，收获爱情和找寻到自己在世界上的位置。当孩子被父母倾听和尊重时，他们所体验到的便是这种快乐。

这里养育出了或许是你所见到的最为自信、最富有责任心和最懂礼貌的青少年。荷兰的青少年并不叛逆。他们不是摆出一副傲慢的姿态，而是拥有一种成熟的自信。荷兰青少年怀孕率以及通过性传播疾病的比率，都处于世界的最低水平。这些具备良好适应性的孩子，长大后能够从容地应对成人生活的考验与磨难。

17世纪的哲学家约翰·洛克（John Locke）所提出的"白板说"，认为刚出生的孩子是一张白纸，将由所处的环境来塑造。

盎格鲁－撒克逊的育儿法便渗透了这一思想。有人认为，这促成了一种高度关注的、固执己见的和过于投入的父母形象。他们不允许孩子按照自己的步调成长，总是强迫孩子去完成，逼迫着孩子去符合要求，去追逐成功。如今英国和美国的家长们比早些年代的父母对孩子的投入更多，并且更倾向于对孩子做的每件事都保持警惕和监督。焦虑已经成为当今英美父母最直接的特点：我们的朋友回到家后总是疲惫不堪，每个养育决定都伴随着怀疑、反复思虑和内疚。但是为什么荷兰的父母没有被这种焦虑所压垮？为什么他们没有表现出过度的焦虑和对孩子严密监督与高度管控，而这些行为在其他地方却很常见？

荷兰是一个自由开放的国家，以对性、毒品和酒精的包容而著称。但事实上，在这份开放与自由背后藏着一个秘密：荷兰是相当保守的民族。荷兰文化的核心是对家庭的热爱，孩子是家庭生活的核心。家长对待孩子抱有健康的心态，他们把孩子看作独立的个体，而不是父母的延伸。他们懂得，人们所取得的成就并不一定能够带来幸福，但是幸福却能够孕育成就。他们能够很好地管控自己在抚养子女中的不安、压力与期待，重新定义成功与幸福。无论对于他们自己，还是对于孩子，成功源自快乐和幸福。

荷兰育儿方式实现了父母参与和善意的忽视之间难以捉摸的平衡。父母有权威，但并不独裁。荷兰人信仰那些古老而美好的家庭理念，同时融入了对儿童自身价值的欣赏和对母亲在家庭以外生活的尊重等现代理念。荷兰人有着简单朴素的生活理念：家人们倾向于选择那些简单又实惠的活动，遵循着一种返璞归真的生活方式。

荷兰社会不断争取并获得了让人羡慕的家庭与工作之间的平衡。荷兰是欧洲兼职工作最多的国家。荷兰人平均每周工作29

个小时，每周至少会有一天来陪伴自己的孩子，还会留出自己的专属时间。在荷兰，你不会找到一个妈妈因为陪伴自己孩子时间少而感到内疚——除了照顾孩子和工作，她们非常看重属于自己的时光。荷兰女性注重户外活动，强健且自信。当她们带着刚出生的小婴儿从医院里走出来时，不用为恢复身材而担忧。荷兰母亲不会替孩子完成他们自己能做的事情——她们相信，当孩子到了一定年龄，就应当鼓励他们独立。她们自信且冷静，找不到诸如英美妈妈们表现出的"拼娃"和身为人母的内疚。

荷兰父亲并不担心自己看起来像奶爸——他们在照料孩子和做家务方面承担着同样重要的作用。下班后，他们会照顾孩子，哄他们睡觉。在这里，你很容易看到爸爸像妈妈一样推着婴儿车或者戴着婴儿背带。当孩子发烧时，荷兰的爸爸和妈妈会轮流在家里照顾孩子，大多数雇主对此会给予理解和宽容。荷兰爸爸们走路时昂首挺胸，说话时直来直去，从来不在乎我们这些外国人取笑他们涂着发胶的蓬松卷发、红色的裤子或是黄色的夹克。

相反的是，我们经常看到英国和美国的父母因为自己不切实际的期待和旁人的意见而深感焦虑和难以应对。家长奉献出全部时间、金钱、资源和精力，从而让孩子赢在起跑线上。这在英美文化中根深蒂固。一位妈妈如果没有做到自我牺牲和拼尽全力，就会被否定。但是从什么时候开始成为一名好家长，就意味着把养育孩子作为终身追求了？现代父母就应当是辛苦且没有乐趣的？

通过孩子取得的学业成就来衡量父母养育孩子的能力，这成为了一种至关重要的评价潮流。我们非常熟悉我们国家的中产阶级家长养育孩子的老套方式：人体工程学的婴儿背带、昂贵的婴儿车、高档的私立学校、体育俱乐部、音乐课……学校的操场已经成为家长们的竞技场。我在纽约的一个朋友跟我写信讲述，争取到一家位于上东区（Upper East Side）的托儿所名额。家长和他们三岁的孩子都需要经过严格的选拔流程，被拒绝比在婚礼上被抛弃还令人难受。甚至连生日都有好坏之分，怀孕时就要确保自己的孩子在班里年纪最大（这种观点认为，年龄大的孩子在智力方面也会领先）。母亲间的竞争在纽约和伦敦到了极致，并逐渐扩散到其他城市、郊区和乡村。养育孩子已经演变成一场竞争激烈、令人筋疲力尽的差事。学校教育已经演变为战场。

然而，在荷兰这个面积狭小、地势平坦的西欧国家里，父母们养育孩子的方式却大不相同。但他们养育了一群全世界最快乐的孩子。德国诗人海因里希·海涅（Heinrich Heine）曾开玩笑地说："当世界末日到来时，我应当去荷兰，因为所有事情在那里都是50年后才会发生。"荷兰的生活让我们感到既熟悉又陈旧。荷兰的孩子能够享受到最大程度的自由：他们能骑自行车去上学，能在街道上玩耍，能在放学后找朋友玩，而且这些都不需要大人陪在身边。当家人共进晚餐时，每个人都可以畅所欲言，常常一起做事情。小学生们不会被要求做家庭作业，不需要为了考试而刻苦读书。这是我们很多人怀念的童年。这是黑白照片上、旧电影里和伊妮德·布莱顿（Enid Blyton）书中才有的童年。

但是，这种童年景象真的过时了，还是它过于前卫和超出了这个时代？难道是荷兰人对于这种童年景象牢牢抱住不放？究竟是什么让这里的孩子仍可以享受到这般无忧无虑的童年？真的是因为这个小国比其他国家更安全吗？

荷兰是一个富裕的西欧国家，享受着现代生活便捷的同时，也面临诸如犯罪、谋杀、诱拐儿童等随之而来的世界问题。然而那些通俗媒体上的报道并没有激起家长的焦虑。荷兰父母极为擅长分析问题：他们向孩子们评估事情的真实风险，并采取相应的行动。对此，荷兰语里甚至有一个专门的词：relativeren。它意味着权衡利弊，通过教会孩子游泳、骑自行车和安全地通过马路等方式，让孩子懂得如何应对诸如溺水、交通事故等常见的风险，而不是对儿童绑架、恋童癖和重大灾难等问题过分焦虑。

　　尽管荷兰家庭平均贷款在欧洲处于高水平，这个国家也有社会问题。但至关重要的是，相比于英国和美国，荷兰在社会地位和经济方面的差距更小。这里有着不错的生活环境，尽管无法让每个人都拥有完美生活。在联合国儿童基金会 2013 年的调查中，荷兰在住房和环境方面的得分紧随瑞士、冰岛和挪威。我们不要忽视了，荷兰相当潮湿（大量土地位于海平面之下），而且有着大量的人口。持续不断的阴沉天空时常会让人感到无比沮丧。这里并不是乌托邦。

　　作为在荷兰养育孩子的外国妈妈，我们将向你展现荷兰育儿方式的真相。米歇尔的孩子比瑞娜的孩子大些。米歇尔主要负责介绍学龄及以上儿童的养育情况。瑞娜侧重介绍五岁以下儿童的养育情况。我们采访了许多家长和他们的孩子，试图弄明白究竟哪些事情使荷兰孩子最快乐，荷兰家长懂得，但英美家长却忘记或忽视了。荷兰父母是如何培养出那么快乐的孩子和如此友好的青少年？秘密难道真的藏在撒在早餐面包上的巧克力碎中，还是荷兰孩子总能骑着自行车到处乱逛？或是因为荷兰父母那种放松的育儿方式，抑或是喜欢让宝宝在家里出生？荷兰人喜欢奶制品？频繁的野营度假？分层教学的中学体系？我们在跟其他家长交流中所获得的以及我们所听到的，所有其中的惊喜发现都将和你分享。我们将尽己所能给出最丰富的建议，希望能够帮助你按照荷兰的方式——快乐的方式养育孩子。

Chapter 1
发现荷兰：平常心是幸福之源

荷兰有句谚语"就像平常一样吧，这就足够好了"，简单来说就是"顺其自然"，它渗透到荷兰人生活的方方面面。

事实上，它是让你按照原本的样子来接纳自己。生活并不完美，也没有人期望你是完美的。它是让你认识到自己并不需要如此努力。荷兰人重视真实和真诚，他们理解生活的混乱和不完美。

瑞娜：森林里的古老村庄多尔恩

　　我的关于荷兰孩子为何如此快乐的探索之旅，就是从我在多尔恩的家里启程的。多尔恩是一个仅有一万人口的村庄，位于荷兰国家公园中部，年轻家庭、退休者、自然爱好者和寻求慢节奏生活的人们多在此聚居。在这里，你会看到孩子们在绿树成荫的街道上玩耍；在家里自己制作美味的松饼和热可可会被视为一种美德；家人们在农贸市场上品尝着新鲜出炉的焦糖松饼；春天和夏天的空气中飘满着烧烤的气味，到了秋天和冬天，空气里散发着木柴燃烧的味道；如果你想认识些年长或年少的朋友，到当地树林里散散步吧，这将是结交新朋友的最好机会。这里距离旧金山有 5478 英里，那是我生命大部分时间里被我称呼为家的地方。我生活在一个平行的世界中，多亏了 Facebook 的推送、Instagram 的照片分享，以及 Skype 的视频聊天。虽然我看到的真实生活已经被筛选和过滤了，但这些仍能使我跟旧金山湾区的生活保持联结。我的父母整日辛勤工作，为家庭奉献和牺牲；那句"我们牺牲了一切，就为了让你拥有更好的生活，受到良好的教育"总是不停地重复着。他们将学习成绩优异的标准设置得非常高，任何失败或不足都会让家族蒙羞和失去面子。我的父母靠着每月的薪水勉强把哥哥和我送到当地天主教会的私立学校就读，除了偿还房贷和支付日常生活开销，还要给远在菲律宾的亲戚寄钱。相比于这些更加急迫的问题，让哥哥和我拥有一个快乐的童年便不值一提了。

　　童年似乎是一种煎熬，而不是享受。如今，有些讽刺的是，我作为一个美国移民生活在荷兰的一个小村庄里，摸索着如何做父母，并试图去寻找一种崭新的生活方式。正如我的父母一样，我身处在一个跟自身文化完全不同的国度里。

一位荷兰研究生突然来到了我家门口，一场一见钟情的、跨大西洋的爱情故事便开始了，如今的一切都源于此。我的表姐格雷丝（Grace），在佛罗里达大学就读时跟荷兰同学关系很好，相信我和布拉姆是天生一对。由于我那时正在一心忙于申请一家医疗研究中心的职位，她就一手张罗起这件事：她把布拉姆带到费城见我，还假装是一时兴起。布拉姆在美国办事只剩一个星期，然后他就要回到荷兰完成他的硕士论文。

我们谁都没有期待会对彼此一见钟情。我当然没想到自己会为这个迷人的欧洲男孩打开心门，而他自称在跟我初次见面后的几个小时里就疯狂地爱上了我。幸运的是，我觉得自己至少要给这个荷兰男孩一个机会，虽然我们相距 3721 英里并且横跨大西洋。我们恋爱过程既保留老式的浪漫，又会有现代化的方式。他会把自己亲手写的长长的情书寄给我，还会频繁地寄送电子邮件、上网聊天和打电话。在我生命中，我第一次需要坦诚地面对自己：我必须叩问自己的心之所向究竟是什么——我并不是真的想要成为一名医生。

他在巴黎向我求婚，我们在旧金山结婚。十年过去了，我如今生活在荷兰，租住在一栋建于 20 世纪 30 年代的森林小屋里，思索着荷兰和美国之间的文化差异，试图找到一个中间地带。虽然我的婚姻让我感到很幸福，但仍花了相当一段时间才逐渐喜欢上这个低地国家的生活。事实上，在最初的七年，我一直挣扎在巨大的、包罗万象且无情的文化冲击中。漫长的黑夜，阴雨连绵的天气，一年中有 11 个月我都要忍受着季节性情绪紊乱问题。荷兰的生活还有很多让我不喜欢的地方，例如我发现自己很难接受每件事都微不足道，还有当我未曾寻求建议时，大家都会给我各种建议。

顺其自然

荷兰有句谚语"就像平常一样吧，这就足够好了"，简单来说就是"顺其自然"，它渗透到荷兰人生活的方方面面。

在荷兰居住的外国人往往对此持有负面理解，将这解释为一种维持现状的社会压力，使人们倾向于随大流，没有过高的追求。事实上，它是让你按照原本的样子来接纳自己。生活并不完美，也没有人期望你是完美的。它是让你认识到自己并不需要如此努力。荷兰人重视真实和真诚，他们理解生活的混乱和不完美。

谈到养育孩子，你所能做到的最好的事情就是"顺其自然"。保持真实吧！

怀上第一个孩子布拉姆·朱利叶斯时，我时常感到不安。我想应该更准确地描述为"焦虑"，确实如此。我想让我的儿子拥有我所不曾拥有的：一个快乐的童年。为此，我陷入了完美妈妈的神话中，那是一个理想化（和不切实际）的母性愿望，要求我把自己奉献给孩子，给予他前所未有的耐心和理解。我急切地消化着那些关于怀孕期间做什么和不做什么的建议，以及各种相互矛盾的育儿哲学。我报名了产前辅导和瑜伽课程，并仔细研究了孩子在生命第一年中的全部发展阶段。好心的美国朋友和家人向我介绍了闪卡、宝宝手语教程、宝宝自主断乳指南、苏斯博士系列图书和芝麻街节目光碟等。

我也开始讨论着诸如蒙台梭利（Montessori）、道尔顿（Dalton）、雷吉娜·科利（Regina Coeli）和华德福（Waldorf）等幼儿教育方法的利与弊。我终于明白，我的孩子只有这么点时间去准备他的答案，然后幼儿园招生负责人就会问他："好吧，你在自己生命最初的 36 个月里都做了些什么？"（如果我们搬回旧金山湾区，我们就会面临这个问题。）

作为外籍妈妈，我与那些母语恰巧同为英语的外国妈妈们建立了意想不到的亲密关系，她们之中有英国人、加拿大人、澳大利亚人和新西兰人。不管怎样，对于荷兰人而言，我们都讲英语。"她是说英语的"，（上了岁数的）荷兰人经常这样介绍我。为了摆脱自身的孤独感和文化冲击，以及那种自己正在变成一个绝望主妇的感觉，我开了一个名为"发现荷兰"（Finding Dutchland）的博客，介绍我作为一个美国妈妈在荷兰生活的经历。博客似乎是极好的宣泄写作、摄影和家庭方面激情的方式，还能够使我跟其他移居海外并使用英语的人们进行坦诚交流，并创建我的虚拟形象。如果一个人喜欢浏览和阅读我的博客，或许他会想跟我做朋友。

我对荷兰的育儿方式非常慢热。成长在受天主教徒罪性和移民工作伦理所共同影响的环境中，荷兰人的做法对于我而言，似乎过于随和，并且过于自我中心和偷懒。由助产士协助分娩，并且理想状态是要在家中且不使用药物，我对此心存怀疑。荷兰人不会把小孩送去参加音乐课或补习班，也不会为孩子能否进入合适的幼儿园而焦虑。他们到底怎么了？

在初为人母的第一年里，我偶然读到一篇文章。文章声称，根据联合国儿童基金会的研究，荷兰儿童是世界上最幸福快乐的孩子。这是真的吗？他们真的很快乐吗？

追求快乐是美国人根深蒂固的思想。我们力求在育儿中做到完美，相信只要成为孩子们的 24 小时玩伴和不间断的监督者，我们就会赢得这个梦寐以求的名号。

更为讽刺的是，荷兰父母们只付出了较少的努力便大获全胜。也许我只需要让自己冷静下来，看看荷兰父母在做什么。如果轻松愉快地做父母，那会怎样呢？

我身边的荷兰父母都在做些什么呢？我对此很着迷，并且开始分析我和他们之间育儿方式的差异。我儿子是我们所在街区里唯一的小孩子，附近的一些孩子喜欢跑来跟他一起玩，我因此认识了许多当地的孩子。一天晚上，我决定把我的观察记录下来——"荷兰孩子的八个秘密，世界上最快乐的孩子"。我第一次尝试同世界各地的妈妈们进行分享与交流。我的博客文章获得了病毒式传播，与世界各地的父母形成了共鸣。

◆

今天，我正在疯狂地为朱利叶斯的三周岁生日聚会做准备，完全按照加利福尼亚那种争强好胜妈妈的模式。（因为我丈夫和我们的大儿子同名，接下来我将把我们的儿子称作朱利叶斯，以避免混淆。）除了荷兰亲戚外，我还邀请了家中孩子年龄跟朱利叶斯差不多大的外籍家庭。他们也喜欢这里的轻松育儿理念。我们这些重新投入工作的狂人们，正在学习欣赏荷兰的兼职文化，这对即便最有事业心的人也是一种可行的选择。和我一样，他们都在大肆赞美这种工作方式的好处。

我直到最后一分钟还在忙着准备——为手工比萨饼做些装饰，炸自制蛋卷，在鳄梨酱里挤点儿果汁，准备越南牛肉面沙拉。米老鼠俱乐部系列用具、甜点架上放着的两层软糖蛋糕，以及红色天鹅绒纸杯蛋糕、巧克力松露和意大利高油曲奇饼，或许这些都会透露出我并不是当地人的事实。我试图融入，但仍然倾向于成为持家女神。

布拉姆对此笑着摇摇头，而我的公婆似乎被我所做的大量准备惊呆了。我的婆婆不明白为什么我要做如此繁杂的准备。然而，我总觉得自己为孩子生日聚会付出和投入的时间越多，就越能证明我有多爱他。我发现自己无法摆脱这种想法。这的确让我深感疲惫，我甚至不确定我的儿子是否真的喜欢。我们参加过的荷兰孩子的生日聚会总是很简单，有些琐碎的工作还会留给早到的亲戚或是邻居。每个人都会分到一块蛋糕，然后在接下来的三个小时里，大人们会围坐成一圈礼貌地聊聊天，孩子们则在周围嬉闹玩耍。

　　荷兰人过生日以及其他大多数庆祝活动，更注重的是大家在一起庆祝。我们的客人首先会向小寿星还有他的父母、祖父母表示祝贺。荷兰人会希望主人再向房间里的每一个人表达祝福。不得不说，当我第一次知道这个习俗时，觉得有点奇怪。后来，我开始欣赏这种文化特色，诸如把美食分享给自己班里的同学，把蛋糕带到公司里跟同事分享。这些习俗更强调给予，而不是接受。我喜欢这点。

　　我的儿子跑到我身边，对我说："蛋糕，妈妈。"该唱生日歌了。蛋糕摆到了朱利叶斯面前，大家聚集在四周。第一首是英文的"生日快乐"歌，然后是荷兰版的生日歌"祝你长寿"。我更喜欢这首荷兰生日歌，歌曲的结尾会唱到"加油，加油，万岁"，然后小寿星会举起他的手做出胜利的手势。

　　当朱利叶斯把三根生日蜡烛吹灭时，我在心里不禁想到："他正在快乐长大。"

米歇尔：阿姆斯特丹郊区的田圃

瑞娜和我开启了关于荷兰孩子为何最快乐的探索之旅，与此同时我正在这里享受着自己在荷兰的新生活。这是一个阳光明媚的春天，我在位于阿姆斯特丹环城公路边的小菜地里忙活着。从四月到十月，我几乎每个周末都会来这里。

鸟儿在枝头吟唱，有只小鸟不停地呼唤着"查威，查威，查威"。我拿着铁耙，弓着腰，在长有草莓和覆盆子的地里拔草。两米开外的有些杂乱的草坪上，我十岁的儿子本杰明（Benjamin）和他的朋友弗洛里斯（Floris），正在帮我的荷兰丈夫马丁重新把沉睡了一整个冬天的蹦床装好。两个男孩在一起配合得很好，使出浑身的力气把帆布和支架之间的弹簧撑开。我八岁的女儿艾娜，今天早上给她最好的朋友蒂恩（Tijn）打了电话，然后就滑着自己的滑板车去蒂恩家玩了。

这里一片宁静与和谐，洒满阳光，水仙遍地开放。蹦床刚装好，男孩子们便轮流在上面蹦起来。我拿弗洛里斯的体重开玩笑地说，让他来测试下蹦床能够承受的最大重量。他刚满11岁，就几乎和我一样高了。如同其他荷兰男孩一样，他也是长着一双大脚的高大魁梧的荷兰小伙。我那有着一半英国血统的儿子在他旁边看起来就像个小矮人。他们说这是因为牛奶中生长激素的作用，但我觉得基因发挥的作用更大。

两个小时过去了，我还在除草。这是一项劳动密集型工作。田里还有老鼠在植物下面忙着挖隧道。荷兰人热衷户外活动，很喜欢待在他们租来的小菜地里。他们大多会比我花更多的时间照看田里的农作物。在我房子周围步行十分钟的范围里，你能看到五六幢房屋。英国人在菜地里往往就种上几畦菜，再搭上一个摇摇晃晃的棚子。与此不同，荷兰人则是全力以赴，他们会建造一个配有太阳能电池板的房屋，并通上自来水和天然气。由于喜爱野营，菜地会被当作周末的迷你野营地，他们还会经常在此宿营。这些房屋边，退休的老人们正躺在折叠椅上晒太阳，他们的皮肤被晒得黑黑的，孩子们则在玩沙、玩水，园丁们围着头巾、躬着腰。这里有一个足球场，一个沙坑，一个供孩子玩耍的游乐场，以及一个供大人们喝酒、吃小吃的餐厅。在周末，这里会举办纸牌联赛、宾戈游戏和歌咏会。

本和弗洛里斯正轮流趴在蹦床上。他们两个说个不停，天马行空地畅想着——他们变成了火箭、宇航员、游泳健将、奥运会的潜水员、杂技演员；他们正身处在一个失重的世界；他们有超能力；他们可以做 17 个后空翻；他们被绑架了，被带到一个树屋里；他们翻了一个筋斗，重新回到了蹦床上。他们相互讲着笑话，有些甚至是拿右翼极端分子格里·维尔德（Geert Wilders）来打趣。一些简单的双关语就能让他们哈哈大笑。本兴奋地谈论着昨天的周六戏剧俱乐部，仍在回味自己在表演间隙到后台时遇到的趣事。

我问弗洛里斯，他今天是否需要复习功课，为明天学校里的考试做准备。他惊讶地看着我。从他的表情里似乎能读到：当然不要，这是什么奇怪的想法！我问这个问题是因为这个男孩正面临小升初，而我从本的口中得知，弗洛里斯正好处在两个不同层次学习小组的划分边界上。但是两个男孩都没有提及即将到来的考试。他们的脑袋里似乎从不考虑这回事。今天是星期天，下个星期二到星期四，两个男孩将要迎来他们升入中学前的综合知识水平评估考试。这个考试被称作 Citos。这个考试相当于英国以前用于小升初选拔的 11+ 考试（有些孩子会被挑选进入文法学校就读）。除此之外，在荷兰，没有及格或不及格的评价。这次考试分数被用来衡量孩子的学术能力，从而把他们分入范围颇广的中学——分学术类、技术类、职业类和手工类。换句话说，这次关键考试可能会影响孩子接下来的生活，以及他们将来所能选择的职业。

说实话，小学升中学的综合知识考试（Citos）让我感到相当紧张。马丁和我都认为我们的儿子不会表现得太好。虽然本以前的成绩还不错，甚至还跳过一级，但他容易分心，对于多选题十分不在行。他总是只选第一个看上去似乎是正确的选项，便不再去看其他选项。他做过少量的模拟测试，把大部分测试题目答错了！如果换作我，我会陪他一起复习并好好训练他，正如我在英国生活时一样。但是他的老师辛西娅（Cinthya），一位淡定的女人，年龄和我相仿，都是四十多岁。她特意叮嘱我不要那样做。

"你们并不希望把他置于莫名的压力之中。"她警告说，好像把孩子置于任何压力之下，会成为父母做出的最糟糕的事情。

相比于有礼貌的建议，她的话更像是一种命令。我还明白了最好不要去招惹荷兰女人。这些天，与其说是我不喜欢选择战斗，倒不如说是我想躲得远远的。荷兰女人比我体形更大，更强壮，也更加坚定自信。虽然男人看起来像温柔的巨人，但女人很彪悍。更为重要的是，辛西娅似乎知道她在做什么，一切都在她的控制之下；所以我最终决定：放下自己的直觉，去相信她。

本已经按照自己心仪的顺序，递交了他希望就读的十所中学的名单。当我们一起参加校园开放日时，老师鼓励他选择让自己感觉最舒服的学校。随后，辛西娅和他一起讨论了他的选择。作为父母，我们只能算作顾问，而且还被发配到冷板凳上。本仔细浏览了不同学校以及所对应的的教学方法，并向高年级学长询问了这些学校的声誉，还查询了他需要往返的距离。

他最心仪的是一所非常现代化的学校。这所学校注重人文学科，配有电影工作室，还开设戏剧课程。他的第二选择是他的祖父曾就读过的古典文科中学，部分原因是这所学校开设戏剧工作坊。与他的父母不同，我们这个儿子天生就是一个演员。即便还是一个小婴儿，他就会为大家伙表演。在他不曾学会说话前，他就能表演节目。其实，本对校园音乐剧更感兴趣，他曾担任过男主角。这就是他在小学阶段里所取得的最高成就，远超过他在考试中的表现。

马丁告诉我，当他 11 岁时，他所在的阿姆斯特丹小学决定了他应该就读哪所中学。在这里，家长的偏好似乎从不是主要的影响因素。大家会把荷兰称作"以儿童为中心的社会"，这或许就是背后所指。毕竟，最终去学校读书的是孩子们。可悲的是，美国式的"协同培育"（concerted cultivafion）教养方式正在这个国家的富人阶层蔓延。这让我感到担心。荷兰学校的制度有利于尽可能降低孩子们的压力，但有些父母试图通过雇用私人家教来为孩子的学业做准备，却忽视了荷兰学校的这种价值。幸运的是，我所在城镇的大部分家长认为，相比于父母的期望，孩子的想法以及老师的建议则更为重要。

六月，我们才知晓我们的儿子将会去哪所中学就读。共有24 所培养模式适合本的学校被推荐，如此多的选择让我们受宠若惊。我们访问过每所学校，都觉得不错。相信孩子会做出他们自己的选择，这让家长的压力小了不少。这是一个刚刚从纽约进口的全新"匹配系统"。你选择十所学校，并保证自己会去其中任何一所学校就读。该系统会确保将孩子们尽可能地安排在他们志愿名单顶部的学校。但是这个系统今年刚投入使用，我们便充当了小白鼠。

以前使用的是随机系统。由于六所最受欢迎学校的招生名额目前仍是有限的，有些孩子能进入他们的第一志愿学校，但大多数孩子需要借助一个清晰的分配系统来找到自己能进入的其他志愿学校。荷兰喜欢彩票系统，也许是因为这可以避免裙带关系和私下偏袒。荷兰人也出奇地厌恶精英程序，不会安排面试，也不会按照分数来进行分配。这让我感到十分陌生，因为在我所来自的文化里，人们会将获取高分视为通向成功生活的快车道。当我还是个孩子时，我对考试失败的恐惧变得无所不在，开始患有急性焦虑症。考试开始前，我会在洗手间里呕吐。我还记得有一次参加数学考试时，站起来跑了出去，泪流满面。校长在学校门口追上了我。

回过头看，我能够发现自己内化了父母对我的高期望。他们搬进了一所文法学校所在的街区，这样我就能够得到最好的公立教育。我要成为一名好学生，要取得好成绩，总是害怕自己不能让妈妈满意。在本的这个年纪，我还是一名求胜心切的游泳运动员。每天都在训练，周末经常要和队友一起去往各地参加比赛。我也曾担心自己无法发挥出个人最好成绩，而在游泳馆的洗手间呕吐。我的童年就是一场巨大的比赛，我每一次都不得不成为最好的。

当我十一年前搬到荷兰时，我未曾考虑过学校的问题。当我怀孕三十七周时，我有了为期六个月的带薪产假，计划搬到阿姆斯特丹和马丁住在一起，然后回到伦敦继续我喜欢的工作。我是一个年轻的雄心勃勃的工作狂，追逐着出版事业。我设想着我的孩子会在伦敦西北部上幼儿园，然后会为他们就读哪所学校而发愁。那个时候，虽然我和马丁只有周末才能相聚，但我们横跨北海①的异地婚姻经营得极好。我天真地以为，按照当时的情况来看，即便我们有了孩子，这种异地生活的方式依然是可行的。在我幼年时期，我的父亲经常外出从事石油钻井工作。这让我觉得父亲在养育孩子方面是可有可无的——多么愚蠢的想法。

当我在家照看一个不停哭闹的宝宝时，现实很快就摆到了我的面前。照顾宝宝需要耗费大量的时间和精力，而我还计划重返职场，重新迎接伦敦那座城市的压力。当我开始考虑在阿姆斯特丹养育我的孩子的可行性时，很容易便能发现这里的诸多优势。你可以骑着自行车到这座城市的任何地方，所以在这里不需要去忍受闷热的地铁和拥挤不堪的公交车。荷兰父母似乎很放松，小孩子可以开心地到处跑——即使在餐馆里！我嫂嫂的孩子们十分礼貌、友好，而且这里有统一的公立学校体系，不会存在公立学校和私立学校之间、穷人和富人之间的可怕差距。这的确是一个极大的吸引。也许在这里养育我的孩子是件好事。我狠下了心，决定留在阿姆斯特丹。

每当回到伦敦，我总要跟我的朋友们见见面，很快便意识到我们作为新晋妈妈之间的生活差异。刚开始，差异还不是那么明显，比如在荷兰也有托儿所和家庭保姆。但随着孩子们长大，到了上学的年纪，能够很明显地发现这两个国家截然不同的运作方式。《每日电讯报》在近期发表的文章中估计，在英国通过私立教育体系培养两个孩子，从他们进入幼儿园到参加大学入学的甲级考试（A-levels），再到送他们进入大学学习三年，总共需要花费大约60万英镑。我们永远都负担不起，我的许多伦敦朋友同样负担不起。对于他们而言，搬到附近有一所不错的公立学校的学区房居住，是一个可行的办法。其中有些人已

---

① 北海，指位于大不列颠群岛和欧洲大陆之间的大西洋海域。——译者注

经那样做了。

我的朋友海伦（Helen），住在萨里（Surrey），每天需要去伦敦的市中心上班。她告诉我，她无法给她的孩子提供"最好的教育"，这让她感到十分内疚。"如果不能进入私立学校就读，毫不夸张地说，你就不能发挥自己的全部优势"，她说。当我告诉她，在荷兰，公立学校体系是唯一的选择时。她有些羡慕地看着我。私立学校通常只供外籍孩子就读，比如英国学校、美国学校和国际学校。

我的朋友塞尔玛（Selma），住在繁华的骑士桥附近，她抱怨孩子就读的私立学校对小学生的期望实在太高。校长曾要求和她谈谈她的小儿子，女校长说"她担心她的儿子在学习上有些跟不上"。问题出在她五岁的儿子还不能背诵乘法表。她的儿子在这么小的年纪就被贴上失败者的标签，这让塞尔玛感到胆战心惊。在荷兰，孩子们直到六岁才开始学习。在此之前，学校会更注重结构化游戏（structured play）。

这仅仅只是两个例子。很多在英国生活的人会遇到关于学校和孩子看护的问题，我们在荷兰却不曾经历。这并不是相同重量级之间的比较——相比于伦敦或纽约，阿姆斯特丹实在很小。当然，在一个较小的城市里生活，带孩子更容易些，但差异远远不只是城市的规模问题。英国和美国的父母似乎对孩子的生活施加了更多的控制，并且会把自己为数不多的空闲时间大量花费在监督他们的孩子上——孩子们甚至不被允许独自外出。但是那些让人抓狂的小报上几乎每天都在歇斯底里地发布着关于恋童癖的警告，哪个头脑正常的家长会让小孩子随意到处跑呢？荷兰没有这种花边小报，即使在荷兰出现恋童癖的问题，也不会引发大范围恐慌。在英国，许多位于大城市的学校会设置安全级别，与你在监狱中发现的相似。我朋友家的孩子就读的位于北伦敦的一所公立小学，校门口便设有金属探测器。这在荷兰是绝对不会发生的。任何人都可以走进荷兰的校园。这并不意味着让凶手随意游荡，而是对那些能够感知到的威胁保持客观冷静。

当塞尔玛告诉我她实在没有精力去管理孩子们的社交生活时，我极为吃惊地看着她。我不敢相信人们竟然会这么做。她告诉我，只是单纯在公园里玩，这不是生活在英国的城市小孩会做的事。她说这里的孩子想要昂贵的娱乐活动、一日游等有计划的活动。在家里，他们期待最新款的视频游戏、环绕立体声的家庭影院和所有其他的新款设备。她向我讲述，有一次她带着自己的一个儿子和儿子的一个朋友去打保龄球，结束后会再把他们送回家。他们刚聚在一起半个小时，儿子的朋友便要求打电话给他的母亲，因为他觉得无事可做了。什么时候孩子们竟然忘记了怎么玩？

我的几个非常聪明并且雄心勃勃的英国朋友，为了能够应对养育子女的需要，他们如今已经把自己的事业搁置了，育儿压力是极大的。家长们如此渴望为他们的孩子提供最好的生活起点，以致陷入完美主义的恶性循环。从第二次世界大战以来，我们实质上没有比父辈生活得更幸福。在班级名列前茅，以一等荣誉学位毕业，演奏某项乐器并考取八级，或是有资格参加奥运会，这一切并不会使你今后的生活更容易，或是能够确保未来的成功与幸福。我们明白这一点。然而我们却在逼迫我们的孩子更加努力，鼓励他们多做一点，再多做一点，试图确保他们的未来享有幸福和保障。

与此相反，荷兰的学校不会把年幼的荷兰孩子，或是他们的父母置于成功的压力之下。并不是他们对压力有了免疫力，而是这里极少会有压力。孩子们享受他们在教室里的时光。当他们不在学校时，会在户外玩要。让孩子们喜欢待在学校？让他们知道怎么去玩？这难道不是我们该有的期望吗？但是，为什么荷兰父母似乎并不为孩子的学业成绩而担心？

为了探究这一秘密，我请教了我所在的每月读书小组里的妈妈们。我是小组里唯一的非荷兰籍妈妈。其他的七位母亲组成了一个完美的研究小组，并非学术研究。她们孩子的年龄从六岁到十二岁不等。我告诉她们，我正在写一本跟快乐童年有关的书，并请她们告诉我，当我问她们为什么荷兰孩子如此快乐时，她们在脑海中最先浮现的是什么。"快乐不是要得到最多，而是要接受你所拥有的。我们的孩子们接受他们不会成为世界上最好的足球运动员。他们是具有复原力的"，一位妈妈讲道。"荷兰孩子拥有发言权，能够加入谈话中"，另外一个妈妈说道。"父母可以从事兼职工作，从而有更多的时间陪伴他们的孩子"，第三位妈妈谈道。然后，提到最多的是："孩子们可以自由自在地玩耍。他们可以自己在外面玩。"

我的那些伦敦朋友们的生活似乎与我们在阿姆斯特丹的轻松生活截然不同。从一开始，我便彻底被荷兰的育儿方式所折服。与瑞娜不同，我并没有跟自己的文化包袱做斗争，而是试图摆脱我的英国价值观，并融入荷兰。尽管我认为荷兰是养育孩子的完美之地，但把这里称作天堂就大错特错了。融入谈何容易，让我们面对现实吧——这里的天气实在是糟糕透了。

◆

在田圃里度过了整个下午后，我们便骑自行车回家。在路过家附近的公园时，我们还停下来吃了冰淇淋。本从老远就认出了他的妹妹艾娜。她正在和八九个孩子一起踢足球，那些孩子都还不到十岁。她和好朋友蒂恩在一起，但孩子们无需父母跟着。本决定吃完冰激凌后，再去给艾娜一个惊喜，但正当我们说着，她却消失在我们的视线里，跑走了。当我们继续往家走时，我们看到艾娜正骑她的太空滑板车疾驰在人行道上，滑板车上还挂着她的夹克衫。她也在往家赶。我们要求她四点半回家。我们赶紧骑车回家，刚好赶在她到家前开了门。"哷！"她长舒了一口气，装作精疲力竭的样子，但是脸颊却看起来非常红润。"我一口气在公园里玩了四个半小时。"

我为她感到骄傲。她在上午便跟朋友们约好了下午出去玩，整个下午都在公园踢球，并在约定的时间里回到了家。她简直就是个假小子，你只需要给她一个球，她就能高兴地踢上几个小时。跟如今的大多数孩子一样，如果我允许的话，她能抱着平板电脑或者游戏机玩上好几个小时。一些荷兰父母总会提醒我多鼓励孩子们去户外玩耍，家长不要去监督他们，并且教会我把缰绳松得越来越长。关于这一点，我们在这本书的后面部分中会进行讨论。不在父母身边，不被随时关注，孩子们会玩得更开心。这是一件双赢的事。和瑞娜一样，这才是我希望自己的孩子拥有的童年。

Chapter 2
关怀母亲：幸福的妈妈，幸福的孩子

　　荷兰人已经内化了"幸福的妈妈，才会有幸福的孩子"的格言。女性在一个充满支持和爱的环境里分娩，能够为她提供情感上的支持，让她更加坚韧，并获得一种积极经验。将怀孕和分娩视为自然的过程，能够有效地避免不必要的医疗，并减缓恐慌和紧张情绪，而后者在英国和美国却经常出现。

瑞娜：在家分娩靠谱吗

当为我家二宝的出生做准备时，我虽然有些焦虑，但非常坚决。我将会按照自己期望的方式生宝宝。我的分娩计划很简单。我只要求在分娩过程中被充分麻醉，从而能够缓解疼痛，并有一个健康宝宝躺在我怀中，而我只需要在医院住上几天就可以痊愈了。

作为千禧世代 ① 的开端，我已经习惯定制好自己生活中一切：我的发型和服饰，我吃的食物，我的健身计划，我的社交圈子及生活方式。如同其他八千多万千禧世代一样，作为"特别雪花"②，我渴望与众不同并且见多识广。我把产前护理阶段、分娩过程以及产后恢复阶段中最小的细节都研究了，并提出了定制计划。我认为这能够体现我有多么爱我的宝宝，以及我多么希望把最好的全部都给他。

不过，有一个最重要的障碍是，我怀着孕，而且将在荷兰生下我的宝宝。

"荷兰人的传统是在助产士的协助下在家里分娩，并且没有任何手段来缓解疼痛"，63 岁的荷兰邻居玛丽斯卡（Mariska）在我家一边喝着咖啡，一边向我解释道。玛丽斯卡是一名退休的护

荷兰育儿法：养育全世界最快乐小孩的秘密

---

① 千禧世代（Millennial Generation）是指在 20 世纪时仍未成年，在跨入 21 世纪（即 2000 年）以后才达到成年年龄的一代人，他们亦被称作 Y 世代（GenerationY）。——译者注

② "特别雪花"或"特别雪花综合征"是一个具有贬义的说法，多用来指代那些莫名其妙就自以为与众不同、应享受特殊待遇的人。这种说法大概来源于此：妈妈经常对小孩子说"每个孩子都是特别的、独一无二的，就像雪花一样"。——译者注

士，而且她的父母都是医生，所以她对自己讲述的内容很了解。她还谈道，"荷兰人认为，怀孕和分娩都是常事，并不是一种生病的状态"。

荷兰人对于养育孩子，从一开始就抱着简单实用的态度，甚至是从孩子出生之前就开始了。对于世界上大多数国家（英国和美国就是鲜明的例子），怀孕普遍被医疗化。荷兰与大多数国家不同，荷兰人则认为怀孕和分娩只不过是生活的一部分，并且提倡尽量在家中分娩。那些被诊断有严重并发症的高风险产妇则是例外。这是一种清醒且理智的应对方式。荷兰人以保持清醒与理智为荣。对于荷兰人来说，在舒适的家中生孩子，是欢迎一位新家庭成员的最合乎逻辑的方式。

我们现今所理解的"家"的概念，其实并不是一直存在的。根据一些历史学家的说法，17世纪的荷兰赋予"家"情感内涵——这比欧洲其他地方要提早一百年。随着生活更加富裕和城市化进程加快，荷兰的中产阶级能够率先为自己的核心家庭（妈妈、爸爸和孩子们）提供一个舒适的房子。这是房子第一次进化成一个家庭生活的家庭，孩子们在中心。这些荷兰家庭在这个物理空间中相聚在一起，并且把那份温馨舒适、对家人的爱、亲密关系和安全的庇护连接在一起。

"你知道我生下我最小的儿子切克（Tjerk），就是在你现在住的卧室里，而且还是在风雪交加的一天吗？"喝了一杯咖啡后，玛丽斯卡继续说："那是二十几年前。"我看到她正在环视我们的客厅，似乎追忆当年的样子。她和她的丈夫是这个小屋原来的主人。当她的三个儿子都长大离开了家，她们家进行了财产分割，并出售了这栋小屋。玛丽斯卡和她的丈夫在余下的土地上建造了他们梦想中的家。

我曾经以为自己身上是有一些自由精神的。毕竟，我的高中和大学时代都在加利福尼亚州的伯克利度过，那里正是嬉皮士运动的发源地。我总会让我的孩子们围着篝火高唱"来吧，来吧"（"Kumbaya"），让他们食用有机食物，并定期带他们到乡村走走。在家里生孩子，没有丝毫的疼痛缓解，也没有在几秒钟就能到身边的医生。荷兰人的这种方式真的会带来更快乐的妈妈和更快乐的孩子吗？

"你在家里生宝宝不会感到害怕吗，而且那天暴风雪大作？"我问。

"当然不会害怕。如果出了什么问题，我们可以及时赶到医院。医院就在附近。"玛丽斯卡回应道。在荷兰，家庭分娩是综合医疗保健系统的一部分，助产士和医生保持密切合作。由于这个国家的人口比较密集，遇到紧急情况，通常只要走几公里就能到达最近的医院。"我们荷兰女人是非常强壮的。我们能够忍受分娩的疼痛。我有一个助产士陪着我，我不需要使用硬膜外麻醉或其他任何药物。我躺在我自己的床上，盖着我自己的羽绒被，待在我自己的卧室里，我的丈夫就陪在我身边。没有陌生人，没有明亮的灯光，没有咣当作响的医疗设备。"

玛丽斯卡留意到我脸上流露出的疑虑和不情愿。她微笑着，好像要告诉我一个秘密。她说："实际上，正因为这样温暖舒适，我们才选择在家里生宝宝。"

啊，就是这个词！我早该想到这个词，而且在英语中还找不到与它对应的词。Gezellig（发音为 ggggheh-sell-ig，有一个用喉咙发出的低沉的"g"，听起来就像一个人在清嗓子），唤醒了那种舒适、温暖、归属、爱、幸福、安定、满足、安全和被陪伴的感受。它类似于丹麦语的 hygge，同样是一个无法翻译的词，包含舒适的感觉，以及从温柔、舒缓的事物中所获得的愉悦感受。

当坐在火炉旁，心爱的人就陪伴在你身旁，喝着热可可和吃着棉花糖，你所体验到的正是这种感觉。它的词根是荷兰语的gezel，代表"伴侣"或"朋友"，还意味着促进你和心爱之人的关系。Gezellig可以用来形容一个地方，一次聚会，一场派对，一顿晚餐，或一次外出游玩。任何人类社会的体验都可以用它来形容。它可以用来衡量你对某件事的喜爱程度，以及对这件事的欣赏程度。但是用它来形容生孩子似乎还是很奇怪。当我想到生孩子，浮现在我脑海里的会是这些词："痛苦的"、"改变生活的"、"不可预测的"、"变革性的"，而不是一个能够唤起家人相聚在一起的那份温暖之感的词。

玛丽斯卡不是唯一一个提到在家中分娩是gezellig的人——我从其他人口中也听到过，甚至还有一些外国人。对于荷兰人这种在家分娩的做法，我的南非朋友艾玛（Elma）就是一个追随者。"在我生下斯特拉的第二天，我就能够下床走路，并为全家人准备早餐。这真是太美妙了，真的如此美好"，她告诉我。对我而言，更重要的是能够待在家中，有家人陪伴在身旁，还有一个特别棒的助产士。那些往往和医院联系在一起的压力都会统统消失。不慌不忙，焦虑感也大大减少。在家生宝宝的那份亲密和陪伴——我不得不有些尴尬地说——就是gezellig。

我的朋友鲍勃（Rob）和顾维（Gowri）是一对荷兰—新加坡夫妇。顾维在生第二个宝宝时，他们选择了在家里分娩。这让他们重新获得了掌控权。鲍勃在宝宝的出生通告里写道："在我们充满温馨的家中，顾维为基尼（Nikki）生下了一个可爱的小妹妹基拉（Kira）。"我忍不住大声重复了这句话："在我们充满温馨的家中。"简而言之：在家里生宝宝是gezellig。

然而讽刺的是，其他高度发达的国家几乎都认为生孩子是件特别危险的事情，根本无法做到在家里顺利分娩。然而根据救助儿童会（Save the Children）针对全球母亲进行的第16次年度调查，在母亲分娩和新生儿出生方面，荷兰是世界上最安全的地方之一，排名第六位。英国和美国均无缘前十，分别居于第24位和第33位。

荷兰长久以来就有助产士护理的传统，而且剖腹产的比率较低。对于其余发达国家的许多女性而言，接受剖腹产的可能性已经高得惊人：在英国，每四个新生儿中就有一个是经由剖腹产出生的；而在美国，这一比例则大约为三分之一。在荷兰，则不到十分之一。在英国，对于在家庭分娩的态度开始发生改变。国家健康和护理卓越研究所（NICE）最近宣布，家庭分娩有助于促进母亲的健康，降低风险，而且对婴儿也是安全的。根据最近的研究证据，英国国民健康保险部（NHS）正在提倡家庭分娩，尤其对于分娩第二个宝宝，认为在家里分娩与在医院里一样安全。

然而根据英国国家统计局估计，2013年，在英格兰和威尔士，只有2.3%的女性选择在舒适的家中分娩。而在美国，这一比率甚至更低。最近的数据表明，只有1.36%的新生儿出生在家里。在荷兰，则有大约25%的新生儿是在家里出生的。尽管这可能仍低于期望水平，但相比于其他富裕国家，荷兰女性在家中分娩的比率是最高的。

荷兰育儿法：养育全世界最快乐小孩的秘密

来自荷兰妈妈的分娩建议

◆考虑接受分娩过程的疼痛感（疼痛是有益的）。对于一些人来说，分娩的痛苦可以成为一个积极的经验，这会让你的体内充满内啡肽，带给你一种自然的兴奋，并且有助于建立你和宝宝的亲密关系。如果你无法在不依靠任何疼痛缓解的情况下分娩，请记得生下一个健康的宝宝才是唯一真正重要的结果。

◆在家里由助产士协助分娩非常 gezellig。如果条件允许，不要害怕在家里分娩，特别是在你生第二个宝宝的时候。在熟悉的环境中，会让你感觉更加舒适和轻松。而且有必要，你可以随时去医院。

◆目标就是用你喜欢的方式分娩。看看所有关于分娩过程的选择，并决定哪种方式最适合自己。不要让别人来为你做决定。在你生宝宝的过程中，哪些人和事物陪伴在你身旁，应该由你来选择，比如点燃蜡烛和放音乐。

荷兰人的分娩方式

由于出现了早产宫缩，我整个夏天都在往医院跑。在怀孕 36 周时，羊水喷涌而出，顺着我的大腿流下，我被这一切惊醒了。由于一些并发症导致的高危妊娠，我由一位产科医生负责监督。我和丈夫从睡眼蒙胧的状态中迅速醒来，把要带去医院的东西打包好，并把朱利叶斯交给保姆照看。我们便赶往了当地医院。

护士确认我的羊水已经破裂，然后我被转移到一个私人分诊室。走进来的扬博士是一位英俊的产科医生，有着典型荷兰人的相貌：体格高大、金发碧眼、身材很好。他曾在牛津学习过一段时间，一口带有英国口音的英语，简直就是"万人迷"。扬博士告诉我，身体本能便懂得如何生下宝宝，并建议我去好好冲一个热水澡，四处走走，试着让事情有所进展。

他刚走出房间，我宫缩的强度和频率便开始自然而然地加大。我的丈夫握住我的手，我们都在看着时间。那个藏在我身体里的大吵大嚷的、讨厌的美国人爆发了。我大喊着和咒骂着。助产士听到后，来到了我的房间。她引导我做拉玛泽分娩呼吸训练中的速成练习——吸，呼，吸，呼——并向我简要讲述了荷兰人的分娩哲学：疼痛是分娩过程的必要部分，并且是有益的，有助于母亲与新生儿之间情感纽带的形成。

在我还没意识到的时候，我便被送进了产房。现在实施硬膜外麻醉已经太迟了。扬博士出现了，接管了这一切。我仿佛正式陷入了恋爱。显然是他主动要求来参与我的分娩，即便他的轮班已经结束。尽管正在经历着这一切，我还是努力让自己脸上挂着一个大大的微笑。我如同一个傻乎乎的女生迷恋着他。我丈夫也为他对待病人的态度倾倒。

"你需要深呼吸"，他温柔地提醒我，"来跟着我，吸，呼，吸，呼"。

在最后的时刻，我决定抛开所有的痛苦。我的丈夫握住我的一只手，我的产科护士西尔维（Sylvie）握住另一只，我跟着这位迷人医生抑扬顿挫的"吸，呼，吸，呼"节奏进行分娩。在7月28日的5点39分，马泰奥终于降生了。

西尔维又一次让我感觉很特别。她对我说，"经历无药物分娩，就像跑了一场马拉松。你应该为自己感到自豪"。

当我向扬博士表达感谢时，他却带着迷人的微笑对我说："不，这全是你的功劳。祝贺你用荷兰的方式成功分娩！"

我终于理解，荷兰人生孩子并不是单纯讲求自然、非药物分娩以及拥抱痛苦，而是要让一个母亲感受到自身的坚韧、强大以及旺盛的精力。用荷兰的方式分娩，意味着那些富有支持性和同情心的医护人员会陪伴在你身边，使你能够依靠自己来自然地分娩。我开始明白，荷兰人已经内化了"幸福的妈妈，才会有幸福的孩子"的格言。女性在一个充满支持和爱的环境里分娩，能够为她提供情感上的支持，让她更加坚韧，并获得一种积极经验。将怀孕和分娩视为自然的过程，能够有效地避免不必要的医疗，并减缓恐慌和紧张情绪，而后者在英国和美国却经常出现。

米歇尔在荷兰的首次分娩经历

当怀孕三十七周时，我来到了荷兰。几天后，我信心满满地把我在英国的分娩计划交给了我在荷兰当地的助产士。"哦，不"，她摇着头对我说，"按照通常的做法，你会在家里分娩"。听上去我似乎没有别的选择。她浏览了我的笔记：我要求在宫缩的过程中使用一氧化氮和氧气的等比混合气来缓解疼痛，并在必要时使用哌替啶（一种麻醉镇痛药），但不要使用硬膜外麻醉。"不会使用疼痛缓解"，她直截了当地说，"这是你需要购买物品的清单"。

物品清单中包括用来把床垫高的木块、塑料被单和脐带夹。上面罗列的东西看上去像是中世纪的。当然，如果回到伦敦，我会读《出生与超越》（*Birth and Beyond*）和《一个孩子的降生》（*A Child is Born*）这些书，并在妈咪网（Mumsnet，英国著名育儿交流网站）上认真学习，还会与其他孕妈咪交流心得。但是不知怎么的，我找不到关于荷兰人分娩方式的研究。这被认为是理所当然的。我的丈夫向我保证，在家里生孩子是完全正常的。

我确实从来没有想到，我们订购的不是一个塞得满满的旅行袋，而是一个分娩专用包。我们把木块垫在床下，这样助产士就不会伤到背部。当收到包裹后，我们把所有东西整齐地堆放在卧室的角落里，包括亲水湿巾、肚脐夹和床套等。

预产期已经过去了。我着急地上蹿下跳，拿着牙刷擦洗着浴室的每一个角落和缝隙，终于完成了一些刺绣（我还是小孩子的时候就开始做刺绣，不知道怎么就带些过来），在后花园里砍下一些小柳树，沿着颠簸的乡间小道开车，吃咖喱，做爱。但所做的一切都宣告无效。

预产期超过两周了，我的助产士把我叫到她的办公室。在那里，我躺在盖着塑料布的诊台上，双腿向外叉开。她用手快速抚摸我的宫颈，试图刺激胎儿的分娩。她的动作让我感到有些疼痛，并让我想到了给动物看病，但是这并没有发挥作用。我被送到医院催产。我终于松了一口气。

荷兰产后护理师的魔力

在荷兰，迎接新生儿降生的喜悦一直持续到每个人都安全回到家中。我期待将马泰奥接回家，并不是因为我知道会有专属的母婴护理师在等着我们。哈达（Rhada）是四个孩子的母亲，待人温柔，笑声极富感染力。她恰好是一名母乳喂养顾问。在这个低地国家里，让妈妈们在产后能够重新开始自己的生活，似乎是一个关乎国家利益的事情。所有的新手妈妈们，无论收入多少，都会配有产后护理师（kraamverzorgster），为她们在产后的八到十天内提供产后护理和支持（如果必要的话，还会有医疗服务）。

荷兰人意识到，成为母亲，特别是初为人母，会有一段崎岖的旅途，充满了意想不到的生活变化，心情会有从欣喜到孤独的波动。有些情况还会导致抑郁症。我们这代美国妈妈被鼓励要重视分娩计划，从而拥有"完美的分娩"。无论选择由助产士协助的家庭分娩，还是选择在医院使用药物的麻醉分娩，妈妈们产后所面临的现实状况都没有得到足够的重视——母乳喂养的困扰、疲惫、焦虑、睡眠剥夺的困境，以及如过山车般的情绪波动。但是在荷兰，产后护理师会随时给予帮助。

米歇尔和她的家人来我家共同迎接宝宝马泰奥。我们便自然而然地谈论彼此的分娩经历，并谈论着我们与产后护理师相处的经历。

"当我有第一个孩子后，我几乎连自己都不能照顾，更不用说一边照顾自己，一边照顾宝宝了。我从来没给孩子换过尿布，完全不知道怎么养育孩子，不懂得如何进行母乳喂养和给宝宝洗澡，甚至不知道如何打扮宝宝。"米歇尔抱着马泰奥，看着她的女儿艾娜，向我袒露心声。"关于如何照料宝宝，我的第一个产后护理师对我进行了速成训练，告诉我如何做这些事情。她帮我购物、做饭和打扫房间，还会帮忙招待来访的客人，为他们准备热饮和饼干。基本上有三个星期，全职护理师都一直帮助我。"

米歇尔的故事跟荷兰许多新手妈妈的故事很相似。产后护理师会来教这些新手妈妈们那些基本的育儿技能——如何进行母乳喂养，如何安抚婴儿，以及如何给婴儿洗澡等，并且给予产后妈妈们照顾，确保她们能够顺利应对这些产后问题，并提供一些实际的帮助。产后护理师会教这些妈妈们如何识别新生儿常见问题（如新生儿黄疸），以及产后妈妈的常见问题（任何产后并发症或抑郁迹象）。她还会负责做家务，比如打扫地板，清洁浴室，在家做饭，以及招待那些前来看望宝宝并表示祝贺的客人们。

"谁想要来些小老鼠饼干?"哈达手捧着托盘正从厨房走来。每个人都开心地拿了一块。

"来吧,朱利叶斯,让我们到外面去打球",她说,"让我们看看谁能最快跑到外面"。

"我,我!"朱利叶斯尖叫着。"我赢啦,我赢啦!"两个人一起冲向花园,哈达则故意跟在这个学步儿后面。

小老鼠饼干

小老鼠饼干(Beschuit met muisjes)是荷兰人用来庆祝新生儿回到家里的传统点心。饼干(beschuit)是一种圆圆的、烤得很脆的面包干,上面涂上黄油,再撒上"小老鼠"(muisjes)——在茴香外面裹了一层糖衣做成的小珠子,形状有些像是一只只小老鼠。茴香被认为能够促进母乳的分泌。通常,如果生的是男孩,就裹上蓝色的糖衣。如果是女孩,则用粉色。虽然荷兰人往往并不会在具体事情上表现出保皇主义,但是当女王生下子嗣后,则会制作橙色的"小老鼠"来纪念这一时刻。

看到哈达在照顾我和宝宝,还有我的家人,这勾起了米歇尔的回忆。她说:"当我生下本以后,我能够很快地恢复到以前的状态里,所以我只需要一周的产后照料就够了。但当艾娜出生时,本只有两岁半。我需要同时应付一个蹒跚学步的孩子和一个小婴儿,我真的很感谢产后护理师提供的帮助。"

我们的产后护理师为我们提供的服务并不是独一无二的。荷兰作家阿朴杜勒·贝纳利(Abdelkader Benali)在他的脸书上写道:

我们全家刚刚跟我们的产后护理师奥黛丽（Audrey）告别。她非常出色。"如果你觉得自己不会有奶水，那么奶水就不会有"，她说。她让我们对照料安布尔（Amber）有了信心。她教我的妻子橄榄球式抱法，以及让婴儿像老虎抓住树枝那样抱着他，并且建议我们"不要模仿小孩子的讲话方式去跟安布尔说话"。她很专业，对待工作富有热忱，而且非常友好。有时候好运确实会眷顾你。我们很幸运能够遇到奥黛丽。

"什么是橄榄球式和老虎抓住树枝？"我打电话给他，希望能了解到更多。

"这是一种抱孩子的姿势，能够让他们感到舒适和安全。橄榄球式是模仿橄榄球运动员握球的方式，不要让他正着躺，而是让他趴在你的臂弯里。老虎抓住树枝，指让孩子抱着你的胳膊，就像老虎懒洋洋地躺着树枝上一样。使用不同姿势来抱孩子是非常重要的。这能够避免你的手臂和脖子感到僵硬。"

我还问道，奥黛丽在他们家的一天是什么样的。"她太棒了。她来到我们家的第一个早晨，便开始鼓励赛伊达（Saida）进行母乳喂养，告诉她要相信母乳会有的。她向赛伊达示范如何用正确的姿势喂奶，以及如何给自己做按摩。她告诉我们如何解读婴儿的哭闹或打呵欠。我喜欢她的风格——她特别务实，非常坦率和积极。"

"她有什么地方让你感到惊讶吗？"

"我们欣喜地发现，她是如此鼓舞人心，能让我们更加有信心。她告诉我们，当婴儿哭泣时，我们不要感到绝望，母乳喂养和给予拥抱都是跟宝宝建立亲密关系的最好方法"，阿卜杜勒回答道。

再次享受到产后护理师的照料，让我不禁思考在荷兰的产后体验是多么不同。在其他西方国家，对于如何照料新生儿，初为人父、人母的家长们很少甚至没有得到过支持。在英国，假如产后妈妈和宝宝不存在并发症，并且身体健康，他们在分娩后六小时后就可能被要求出院。理由就是：对于产后恢复，家里才是更好的地方。但有些人会把这个过程比作传送带。相比于其他任何欧洲国家，英国女性在分娩后留在医院的时间最短。

在英国，米歇尔告诉我，助产士会在最初十天里进行几次家访，除非你遇到问题，否则她们不会每天都来做检查。我感到很好奇，想要了解更多。蕾拉（Leilah），米歇尔的朋友，住在伦敦东南部，是一位律师。她是三个孩子的妈妈，最小的九个月大。我询问了她的产后经历。

"英国没有太多的产后支持。健康顾问会来进行几次走访，仅此而已"，她说。"第三个孩子出生后，我请了一位住家保姆，但实在太贵了。如果能够得到更多的支持，那就太棒了！"

在美国，妈妈们的处境则更加糟糕。她们在分娩后的一两天内就会被要求出院。在美国，唯一标准的产后随访需要跟产科医生预约，在分娩后的第六周进行。到那个时候，妈妈们在产后所经历的大部分疼痛和辛苦早已消退。妈妈们被期待能够在分娩后立即恢复正常，没有荷兰的医疗体系所提供的那种支持、呵护和休息。她们只得依靠自己的亲朋好友——她们的母亲、阿姨、姐妹、朋友、教会成员或邻居来帮助。如果经济能力较好，她们可以请私人产科护士或产后陪护师。但事实是，在美国和英国，城市中的职场妈妈越来越多，身边并没有能够给予支持的家庭成员，自己很少或根本没有抚养婴儿的经验，只能依靠自己。

尽管次数有限的随访护理并不会引发任何问题，但是在某些情况下，一些严重的问题却可能因此不会被任何人所注意。每七位女性中就会有一位患有产后抑郁，尽管人们已经更加意识到这一问题，但仍存在很多没有被忽视的情况，这些妈妈们得不到应有的支持。在荷兰，产后护理师会负责此项筛查工作。"在产后护理期，产后焦虑可能会产生"，哈达说，"我们在这里不仅照顾妈妈的健康，还会关注她的情绪状况。如果我们观察到一个妈妈可能患有产后抑郁症，我们会鼓励她去寻求医疗帮助"。

"如果她不愿寻求帮助，该怎么办呢？"我问哈达。

"这从未发生过，至少在我的经验里。有人能够懂得和了解她们正在经历什么，我陪伴过的妈妈们对此总是心怀感激并深感安慰。这里有一个完整的支持网——她们的配偶，她们的医生、助产士和我。对于获得帮助，她们有着开放的心态，并不会感到丢人。"

荷兰宝宝出生啦

如何宣布家庭新成员降生，荷兰人对此相当有天赋。最常见的方式有以下三种。

◆ "新宝宝"贺卡。荷兰人喜欢通过邮寄卡片的方式，让大家知道他们的宝宝出生啦，并写上宝宝的名字，以及欢迎来访的时间。

◆ 装饰屋前。当邻居们看到有一个大大的鹳摆在屋子前，窗户前还挂上了粉色或蓝色彩旗，整个社区就会知道新宝宝已经回到家啦。

◆ 家人把"小老鼠饼干"带到单位或学校。新爸爸会骄傲地带着"小老鼠饼干"去上班，和同事们一起庆祝宝宝的降生。宝宝的哥哥姐姐会把饼干带去学校，跟同学们一起分享。

荷兰的产后护理师会在产后阶段给予母亲温柔的指导与支持，并将母亲和新生儿视为一个护理单元。最主要的目标是培养一个自立自信的母亲，使她能够为宝宝提供一个安全、稳定的环境，以满足宝宝的需要。

坦诚地告知妈妈们在产后阶段可能会发生什么，这非常重要。宝宝正在摇篮里幸福地睡着，妈妈面带微笑，手里捧着一杯热茶，双脚搭在脚蹬上休息，但这只是想象中的画面，并不是初为人母的真实写照。如果妈妈们能够坦然接纳初为人母并不容易的事实——睡眠不足，母乳喂养，以及很难与孩子建立联系——我们就能够开诚布公地谈论我们需要多少帮助，并对此提出要求，就如同荷兰的新手妈妈们一样。目前，荷兰的生育方式似乎为新手妈妈们创造了最具支持性的最佳环境。

Chapter 3

安抚婴儿：平静轻松的育儿法

　　一位社区护士于 1905 年编写了一本名为《规律、休息和清洁》(*Reinheid, rust en regelmaat*) 的小册子，以此为基础提出了作为荷兰民族育儿哲学的 3R 原则。这本书的副标题完美地总结了平静且轻松的荷兰育儿方式："关于母亲如何以最没有负担的方式照顾宝宝的简明解释。"这表明养育婴儿本身并不是一种负担，而是父母使它变得很繁重。

瑞娜：反复思考如何更好地安抚宝宝

　　我躺在孩子曾祖父的摇椅上，轻轻地摇着刚刚出生的马泰奥。他在我的怀里睡着了。我不禁自言自语起来："他真是一个容易安抚的宝宝。"在自己孕育二宝时，我确信从一开始就遵从荷兰的育儿方式有助于形成宝宝快乐的气质。

　　我渴望像自己身边的所有其他荷兰妈妈那样，看起来神采奕奕，沐浴在新生儿所带来的温暖的光芒和感觉之中。我观察着自己身边这些轻松、快乐的妈妈们——她们推着婴儿车，走在鹅卵石铺成的小路上；借助婴儿背带让宝宝依偎在自己胸前，沿着运河悠闲地散步；或是让大一些的宝宝安全地坐在载货式的自行车座椅上，她们骑着车带宝宝四处逛逛。把一个新生儿纳入她们的生活，她们对此没有丝毫的压力或不安。她们总是面带微笑，看起来十分满足，仿佛是和一些金发碧眼的小天使在一起；而那些小宝宝们，几乎不曾流眼泪或发脾气。荷兰人养育孩子看上去如此轻松。

　　我的朋友露丝（Roos）和达恩（Daan），是一对典型的金发碧眼的荷兰夫妇。两人都超出了英国人和荷兰人的平均身高。透过这对夫妇，我对荷兰的育儿方式有了初步了解。在我们的朋友圈里，他们是第一个有孩子的。在我怀着大儿子朱利叶斯的时候，有一次我们一起吃午餐，露丝会一再惊叹道："芬恩（Finn）是一个特别乖的宝宝！他实在是太乖了！"我会低着头对宝宝笑。这个三个月大的宝宝似乎感到很满足，他在婴儿车里咯咯地笑了起来。我和他的妈妈在户外悠闲地吃着午餐。他就躺在婴儿车里，无忧无虑地望着周围的世界。

　　最初，当露丝抛出"乖"这个词时，我会觉得有些被激怒到。因为从我在各类妈咪博客圈里读到的是，婴儿不应该很乖。当我们那么放松和享受自我，而没有把全部注意力放在芬恩身上时，我会不自觉地感到有些内疚。

达恩向布拉姆吹嘘着，当爸爸是件多么容易的事。他会把芬恩放进"盒子"里。这是一个方形的木制游戏围栏，在荷兰有宝宝的家庭中普遍使用。有了它，达恩就能自由地做自己的事情——查阅电子邮件，洗衣服，用吸尘器吸地，或是准备一顿简单的午餐。有一次，他在楼上的工作室里参加了一个40分钟的电话会议，芬恩则被留在客厅的盒子里，自己发发呆，安静且满足。

露丝和达思并没有被高度参与式育儿（intensive parenting），这种不切实际的要求所影响。他们养育孩子的目标很简单，就是成为一位"足够好的父母"。其中所暗含的前提，直截了当地说，就是要保持冷静，尽你所能就够了。

做个"足够好（good enough）"的妈妈，这个想法是由英国儿科医生和精神分析学家唐纳德·温尼科特（Donald Winnicott）在20世纪50年代提出的。在研究了成千上万位母亲及其婴儿后，他得出了这一开明的结论，做个好妈妈的方式就是做一位足够好的妈妈。做一个完美的母亲既是不可能的，也是不可取的。正如心理学家珍妮弗·坤斯特（Jennifer Kunst）博士所写：

> 温尼科特提出的足够好的妈妈，会全心全意地养育孩子。她关心自己的孩子，为孩子提供具有支持性的环境，照顾孩子的身体，关注孩子的感受，给予孩子以安全感。当她失败时，她会再次尝试。她经历过痛苦，做出过牺牲。温尼科特认为的足够好的妈妈，并不是一个女神，而是一个园丁。她用爱、耐心、努力和关爱来照料她的孩子。

荷兰人把这个观点内化于心。他们对为人父母有着务实的看法，明白他们和他们的孩子都绝非完美。他们是活在现实世界中的父母。这并不是说，他们不再挣扎于日常生活中的琐碎与凌乱。但是他们对自身的缺点和不足更加宽容，这让他们能够享受做父母的过程。

这不意味着小苏菲（Sophie）或塞姆（Sem）是一个钢琴神童、一位国际象棋冠军或是照片分享网站（Instagram）上的两岁名模，对此荷兰父母根本不在乎。但是至少对于大城市以外的家长们，他们不会让孩子看小小爱因斯坦系列光盘（Baby Einstein DVDs），不会使用黑白闪卡，不会去报名婴儿强化班或去婴儿健身房。荷兰人并不关心他们的宝宝要成为最聪明的孩子，似乎只是希望自己的孩子是最随和的。

当我怀马泰奥的时候，我在脸书动态消息中看到了一篇刊登在《纽约》杂志上的以"荷兰婴儿比美国婴儿更好"为标题的文章，仿佛宇宙再次暗示我要按照荷兰父母的方式来养育孩子。为了巩固这个信号，一位住在伦敦的朋友恰巧把同一篇文章发给了我。文章中指出，相比于美国同月龄段的婴儿，荷兰婴儿在六个月的时候，对自己的父母或喜欢的人报以更多的微笑，还会更喜欢依偎着他们入睡。研究人员发现，父母教养的不同方式可以解释婴儿气质特点的差异。

给予婴儿认知刺激方面的教养分歧总是显而易见的。相比于许多现代父母，荷兰父母的做法正好相反。荷兰父母会坚持按照作息表上的具体时间，来安排宝宝的进餐和睡眠，从而避免给予宝宝过多刺激。他们对此非常看重。但是养育一个平静且满足的婴儿，难道真得如此简单？只需要有规律的作息，充足的睡眠，足够的食物和避免过度刺激？

在荷兰，人们非常强调睡眠的重要性。在英国和美国，睡眠不足被认为是一个必须经历的仪式。能够在睡眠不足的状态下正常工作是件值得炫耀的事。在荷兰却绝非如此。在这里，人们认为婴儿能好好睡觉，也能让父母睡个好觉，这是理所当然的事情。睡眠是神圣且不容侵犯的。荷兰人对此坚信不疑。最近的研究表明，荷兰人平均每晚会睡上 8 小时 12 分钟，这比世界上其他任何国家都要多。

一个荷兰风格的品牌——博格布

如果有一件商品会让节俭的荷兰父母愿意花很多钱去买，一款品质优良的婴儿车会是他们的选择。这是一款由一位荷兰人设计的产品。该设计将易用性与实用性，以及良好的设计品质相结合（还有一个令人心痛的价格）：博格布（Bugaboo）。

博格布的首席设计师马克思·巴伦伯格（Max Barenburg），于 1994 年在艾恩德霍芬设计学院的毕业设计中首次设计出该产品模型。组合式的婴儿车既坚固又灵活，在城市街道和乡村小路上都可以使用。2002 年，美剧《欲望都市》里的女主角米兰达（Miranda），在纽约的街道上，被看到正式用这个品牌的婴儿车推着她的宝宝。埃尔顿·约翰（Elton John）、麦当娜（Madonna）、格温妮丝·帕特罗（Gwyneth Paltrow）和凯瑟琳·泽塔·琼斯（Catherine Zeta Jones）等明星都被拍到过使用这个品牌的婴儿车。它成为深受明星们所喜爱的童车品牌。凯特·米德尔顿（Kate Middleton）甚至也加入了该行列。

婴幼儿健康指导中心提供的帮助

在荷兰，迎接家庭新成员到来的不仅是家人、朋友、邻居和熟人。婴儿出生后的一两天，当地儿童保健中心的护士便会来家中拜访，因此便开始了一系列由政府授权的在荷兰婴幼儿健康指导中心（Consultatie Bureau, CB）定期进行的追踪检查。与美国的婴儿健康检查和英国的儿童保健随访相类似，这是荷兰为从出生到四岁的婴幼儿提供的健康检查与指导。差不多每个月，医生会检查记录和马泰奥的身高和体重，以及运动技能和言语的发展情况。这也是马泰奥免费接种所有疫苗的地方。任何偏离生长发育表中平均水平的方面，儿科医生都会做进一步检查。婴幼儿健康指导中心非常勤于对宝宝的生长发育曲线进行检查与诊断，并以此著称，因此有些人会戏谑地称它为惊吓局（Consternation Bureau）。

指导中心的护士会带来一份礼物——《发展指南》。它有着蓝色的塑料封皮，里面记录着孩子的医疗检查结果，是一本给父母的指导手册。由此看来，荷兰人对于养育孩子有着普遍认同的做法。

对于这本荷兰官方的育儿手册，我起初有些不屑。我不喜欢被告知如何养育我的宝宝，尤其我还接受了另外一个相当不同的文化背景。而且它似乎没有人情味。真的会有一个万全之策吗？真的有必要形成一份手册吗？养育孩子到底有多难？而且，我已经有了自己的育儿专家：吉娜·福特（Gina Ford）的《心满意足的小宝贝》（*The Contented Little Baby*），伊丽莎白·潘特利（Elizabeth Pantley）的《宝宝不哭之夜间安睡秘诀》（*No-Cry Sleep Solution*），哈韦·卡普（Harvey Karp）的《卡普新生儿安抚法》(*The Happiest Baby on the Block*) 和海蒂·麦考夫 (Heidi Murkoff) 的《海蒂育儿大百科 (0~1岁)》(*What to Expect the First Year*)。

荷兰育儿方式会主张让孩子"哭个够",这是让我最为感到担忧的做法。这种育儿方式是理查德·费伯 (Richard Ferber) 博士于 1985 年最早提出的,尽管这种做法在荷兰早已是惯例。我的荷兰婆婆就非常信仰这种如今被称为费伯式育儿法 (ferberizing) ——把宝宝放进婴儿床,关上门,然后家长要整个晚上都不予理睬宝宝的哭泣。

我的朋友露丝采用了一种更为温和的方式。这是后来被改良的做法。家长让宝宝躺在婴儿床上,等待五分钟,然后如果宝宝哭泣,用语言给予他们安抚,但不要把宝宝抱起来。家长继续这样做,直到宝宝睡着了。露丝强调,无论采用何种方式,家长应当把宝宝喂饱了,并给他们换上干爽的尿布。尽管有些不情愿,我不得不承认这种做法有它的好处。露丝的第一个宝宝在三个月的时候就可以睡整夜觉了,而我不得不为自己的第一个安稳的、不被打扰的八小时睡眠,等上一年半之久。

作息规律的荷兰婴儿

众所周知,荷兰人善于日程管理,并且非常看重他们的日程安排。荷兰的宝宝们有规律地作息,并不让人感到惊讶。跟大多数美国同龄人一样,在养育第一个孩子时,会按需喂养,让他想睡就睡。我以前就是一位溺爱孩子的妈妈,会观察朱利叶斯饥饿和犯困的信号,任由他来安排生活日程,每当他似乎需要进食时,我就会喂他吃东西,即便是每隔一个小时,甚至在晚上也是如此。

"为婴儿建立作息表是一个基本常识"，伊冯（Yvonne）谈道。她是一位荷兰妈妈，她的女儿诺亚（Noa）和朱利叶斯一起上幼儿园。她来看望马泰奥，让朱利叶斯和诺亚一起玩。"我按照婴儿健康中心所推荐的时间表来安排两个女儿的日常作息。刚开始非常困难，但是我们坚持作息时间，女孩子们还是相对容易适应。我想尽己所能成为她们的好妈妈。从一开始就让她们形成一个固定的时间表很重要。从第一天就开始，真的。"

"但是，如果宝宝自身的内在节律与推荐的时间表不一致，怎么办？如果他们饿了或困倦了，怎么办？"

伊冯继续说，她怀里的马泰奥一直在微笑。"当诺亚的小妹妹有些不好哄时，我就会把她放在床上。这通常会与推荐的时间表重合。你不要把它看作一个不可以打破的规则列表，而是把它当作一份指南，让它来帮助你为宝宝建立始终如一的作息规律。"

我采纳了伊冯的建议。我希望在马泰奥四周预约检查时，对这个作息表有更多的了解。我的动机有些自私：我想重新开始睡个整夜觉，而且越快越好。接待我们的医生正合我意。他是一位中年人，有着一头黑色卷发，目光和善。对于所有走进健康中心的孩子和家长，他都会花些时间去了解。

我问道，"医生，我能做些什么，让我这个四周大的宝宝有规律地作息？"我一边抱着马泰奥，一边把苹果手机里的印象笔记打开。这或许显得过于急切。

医生被我逗乐了，盯着我看。当时才早上八点钟，我那旧有的美国式进取态度或许是有些过火了。他谨慎且缓慢地回答着我的问题，仔细组织他的话语，故意保持与我的眼神接触。"现在，你的目标是让马泰奥吃好。你必须记住，他是一名早产儿，所以他的发展进度很难追赶上。当他想进食的时候，让他想吃多少就吃多少。再过两三个星期，我们再来聊聊你刚才关心的问题。"

我点点头，他肯定感觉到了我的失望。如果没有一个良好的睡眠，我不知道可以继续坚持多久。但我算是放了心，那并不是一个严苛的日程表，如同我对待朱利叶斯那样，讲求按需喂养。我们接下来的三次拜访都在重复相同的事。医生测量马泰奥的身高和体重，然后将他的发育数据与荷兰婴儿的平均水平相对比。我恳求医生允许我开始执行那个富有魔力的日程表。但医生告诉我，要按照我现在的做法继续做。

我继续追随着马泰奥给我的提示。到四个月大时，他的日程作息几乎可以被预测出来。他在白天会小睡两次，大约上午一个小时，下午两个小时。到了晚上，我七点钟把他放到床上，他能睡上五个小时，半夜会醒来吃次奶，接着在凌晨三点左右会再次醒来，然后能一直睡到早晨六点。严格地说，如果一个人能在夜晚连续睡上五个小时，他就算具备了睡整夜觉的能力。这样来看，马泰奥自己已经做到了。

我再次去健康中心时，仍非常渴望能得到医生所建议的日程表。我礼貌地但更为坚决地面对他。这不仅是为了我自己，也是为了这本书的缘故。"马泰奥现在已经四个月大了，发育很好，我可以让他按照你的那份特殊的日程表来作息吗？"我问。

医生微笑着说，"你并不需要一个日程表。马泰奥已经决定了自己的作息安排。"

睡眠专家的看法

在研究美国和荷兰婴儿睡眠模式之间的差异时，我发现萨拉·哈克尼斯（Sara Harkness）博士和查尔斯·休珀（Charles Super）博士在从事该项研究工作。他们是一对夫妻，共同在康涅狄格大学教授毕生发展学、儿科学和公共卫生学。哈克尼斯和休珀在过去三十年一直从事关于世界各地父母的文化信念和育儿实践的研究。

我与他们进行电话交流。我们之间的谈话从一开始就非常愉快，仿佛我是他们以前教过的学生，而他们是我最喜欢的教授。

在1996年，他们在一本名为《父母文化信念系统：起源、表现与结果》(*Parents' Cultural Belief Systems: Their Origins, Expressions and Consequences*) 的书中发表了他们的研究结果。在书中，他们介绍了这个观点：每个社会的父母，都会凭借直觉相信自己知道如何用正确的方式来养育孩子。父母的文化信念可以透过他们的日常家庭生活进行观察。这些文化信念暗含在我们身为父母的日常抉择中，而我们却意识不到自己凭借它们来做选择，因为这些信念在我们的思想中根深蒂固。而这些不同文化下的育儿方式，反过来很可能会影响相应文化中孩子的行为方式。

难怪像蔡美儿的《虎妈战歌》(*Battle Hymn of the Tiger Mother*)、帕梅拉·德鲁克曼 (Pamela Druckerman) 的《法国孩子不乱扔食物》(*French Children Don't Throw Food*)，以及哈韦·卡普的《卡普新生儿安抚法》这类书会被大量父母阅读。如今的父母都已经被灌注了这样的观念——父母的教养行为会决定孩子的未来。哈克尼斯和休珀发现，关于婴幼儿和学前儿童的教养方式，荷兰人是最理想的分析对象。"与美国人相比，荷兰人强调婴幼儿要保持冷静、放松、充分休息和有规律作息，认为这些非常重要。"哈克尼斯谈到自己的观察，"没有固定的日程表，孩子容易烦恼。母亲们会说，这样的孩子需要有规律的作息。她们对此非常敏感。"

对于揭示美国和荷兰育儿实践的差异，他们的研究起到了至关重要的作用。他们发现了一个关键区别：对于六个月大的宝宝，荷兰婴儿的睡眠时间要比对照组中美国婴儿的睡眠时间平均多出两个小时：荷兰婴儿每天十五个小时，而美国婴儿平均为十三个小时。对我而言，多睡的这两个小时无比珍贵。

　　家长和婴儿之间的"睡眠斗争"，对于美国和英国的家长简直就是家常便饭，但荷兰家长却没有这方面的困扰。也就是说，荷兰的家长从未抱怨过自己的睡眠被剥夺。这实在令人难以置信。在说英语的国家里，诸多自诩为育儿专家和睡眠专家，试图帮助绝望的家长们找回更多的睡眠。这已经成为一项产值数十亿美元的产业。是什么让荷兰的家长如此不同呢？他们的秘密究竟是什么？

　　"关于荷兰民间的育儿理念，有一个常见的概括性说法：'休息，规律和清洁'（Rust, Regelmaat en Reinheid），也称为荷兰育儿的 3R 原则"，哈克尼斯谈道。这个 3R 原则"有力地体现了荷兰婴儿在睡眠时长上的差异，以及在清醒时如何被照顾"。

　　荷兰的 3R 原则不仅使荷兰婴儿更加快乐，更讨人喜欢和更易安抚，也让父母们的最高理想得以实现：拥有更多的睡眠。

　　"我有一些有趣的发现要告诉你"，休珀在电话中对我说，"记住，荷兰婴儿是在白天多睡了两个小时，并且是在'安静睡眠'阶段。在婴幼儿期的安静睡眠，将逐渐变为大龄儿童和成人睡眠模式中的非快速眼动睡眠阶段。而且人类的生长激素正是在这段时间分泌的"。休珀补充说："当然，影响身高的因素有很多。但是，荷兰也恰巧是世界上平均身高最高的民族，这是不是很有趣？"

　　"有了这些见证和发现，当成为父母时，你们会用荷兰的方式养育孩子吗？"我鼓起勇气问道。

　　"嗯，如果将所有的方面都考虑在内，包括工作和生活中的大多数方面，而不仅仅局限在育儿，我宁愿按照美国的而不是荷兰的方式。"哈克尼斯说。

这让我有些吃惊。"为什么？"我追问道。

"我会借助一个故事来向你解释，这个故事我已经讲过上千遍了。当在荷兰进行该项研究时，我们需要更多的数据来完成我们的采样，因此要求所有参与该项目的研究助理都要额外再采访一个家庭。当我们顺着桌子挨个问道，他们一个接一个地拒绝。没有人有额外的时间，即使这个项目可能会因此失败。"哈克尼斯博士回忆说，她的声音里还是流露出一丝失望，尽管这么多年过去了。"这种情况肯定不会发生在美国。他们会担心失去工作！但对我来说更为根本的是，当我们为了实现一个目标，就需要做出额外的努力，或是再向前前进一步，这是美国价值观的一部分。在遇到这个情况之前，我都把它当作理所当然。对我而言，这是生活中令人兴奋和满足的一部分。"

我极力克制自己不要笑。荷兰人非常重视工作和生活的平衡：他们为生活而工作。据我所知，对于大多数美国和英国的职场人士，他们则是为工作而生。他们对于成功不懈地追逐。如果需要的话，他们可以每天24小时都用于工作。努力工作对他们来说非常重要，至少看起来的确如此。

当美国和英国职场女性成为母亲时，在养育孩子方面，她们对此同样重视，并会做出水平相当的奉献。哈克尼斯承认，美国妈妈们在身为人母的过程有着很多挣扎。"那种高度参与的育儿理念把她们逼得太紧了，认为母亲一定要给予孩子高度关注。有质量的陪伴和跟孩子在一起的专属时光都要尽可能地多，以至于没有足够的时间来做其他事情，包括满足她们自己的需要。但这并不具有可持续性，尤其当你不只有一个孩子的时候。"

哈克尼斯仿佛在描述我的情况。在养育第一个孩子时，我简直就是一个假装虔诚的母亲。我是亲密育儿法的信徒，就差吃掉自己的胎盘了。我会连续几天不冲澡。直到朱利叶斯六个月大，我都记不得自己有没有离开过我们的公寓。朱利叶斯从来都不怎么哭，因为我总会及时满足他的每一个需要。我不会任由他哭泣。整个夜晚，他可以在任何时候进食，当然我没睡觉。我几乎失去了理智，但我认为这是成为一个好母亲所必须经历的。

"在挂断电话之前，我还有最后一个问题。你们在荷兰进行研究的过程中，目睹过家长任由宝宝一直哭泣的状况吗？这种做法常见吗？荷兰人如何让他们的宝宝睡整夜觉？"

"我们几乎从未目睹过任由宝宝哭泣的状况——除非是一些特殊情况。荷兰人的做法是坚持一个非常严格的日程表和作息规律，他们的宝宝就自然地睡着了。"哈克尼斯回忆说，"这似乎很有效。在我们研究过的所有文化中，荷兰婴儿的睡眠时间是最长的"。

我会不会做错了什么？我还不够放松吗？我以为我是为了马泰奥，但或许他能感受到在我身上根深蒂固的美国式焦虑。

瑞娜关于荷兰 3R 原则的更多发现

一位社区护士于 1905 年编写了一本名为《规律、休息和清洁》（*Reinheid, rust en regelmaat*）的小册子，以此为基础提出了作为荷兰民族育儿哲学的 3R 原则。这本书的副标题完美地总结了平静且轻松的荷兰育儿方式："关于母亲如何以最没有负担的方式照顾宝宝的简明解释。"这表明养育婴儿本身并不是一种负担，而是父母使它变得很繁重。

我向儿科医生马克·霍伊特杰（Mark Hoetjer）博士寻求建议，在他工作的多尔恩医院见到了他。"'Reinheid'意味着'清洁'。但是说实话，这并不是最重要的事。真的没必要过分纠结于卫生和细菌，就像我看到一些美国和德国外籍家长所做的那样。规律和休息意味着喂养你的孩子是最重要的。你不要试图把它跟其他事情的地位相等同。我认为在最初几个月，你应该围绕着最重要的事情：那就是喂养你的孩子。"霍伊特杰博士解释道，"如果你总是急于喂养你的孩子，无论你是母乳喂养还是奶粉喂养，这样做都是不好的"。

"这里有一个很好的例子来帮助你理解'休息'的含义。如果你在工作，而且你知道自己必须在早上 8 点到公司，但是宝宝因为发烧在凌晨 5 点醒来，然后每个人都变得很紧张，也包括宝宝。但是如果你决定请一天病假，让一切都顺其自然，那么宝宝也会变得更加平静。你可以抱起你的孩子，让他和你一起睡觉，保持放松，直到他体温逐渐下降。如果母亲感到有压力，孩子也会感受到压力，这会使事情变得更糟糕。"

"所以当我觉得该睡觉的时候，我就去睡觉吗？"我最后问。

"每个家长都会因为他们的宝宝而醒来，荷兰父母也是如此。但关键是要回去继续睡觉。"霍伊特杰博士耸耸肩。"有时候，你可以在宝宝三个月大以后，就享受到不被打断的睡眠。但有时得等到一年后，甚至会是两年后。"

我继续追问。"我怎么教我的宝宝睡整夜觉，还是会自然发生？"

"它会自然而然地发生。当你尝试教他们的时候，事情往往会出错，因为宝宝会感到你的压力。"霍伊特杰博士说，"例如，如果你走到孩子身边并且请求'快去睡觉，快去睡觉，请快点去睡觉吧'，这是没有用的。有时不去关注他们，或是让他们哭上一会儿，可能会有所帮助。"

我觉得霍伊特杰博士的建议很有道理。在养育第二个孩子的过程中，我感到更加轻松了。马泰奥仍会在半夜醒来一两次，但他才四个月大，这是完全可以理解的。当他醒来需要吃奶时，他通常吃完就会立刻继续睡觉。我根本没有时间或精力，像对待他哥哥那样，在夜晚随时随刻陪伴他。马泰奥似乎能够理解这一点。

"我在一项研究中读到，荷兰的新手父母不需要忍受睡眠不足的痛苦，而这在美国父母中却很常见。你的经验是这样吗？"我又问道。

"有时我们会让婴儿住进医院。如果一个宝宝连续几个月整晚无法入睡，我们会进行观察。但是这些孩子在医院里通常会立刻入睡。"

"真的吗？"我知道我的声音里透着怀疑。这种荷兰场景听上去有些太过容易和完美了。

"好吧，十次中大概有六次，宝宝会立刻睡觉。为什么会这样？因为我们不允许母亲留在房间里。接下来孩子会开始哭泣。护士会进来告诉孩子，'听着，我还有四个病人'。她可能不会大声说出来，但是孩子能感觉到这些信息，'这没有讨价还价的余地。我还有其他事情要做，我马上就会离开你'。"

他停顿了一下，朝马泰奥笑了笑，马泰奥正忙着吃他的拇指。

"我做过一些实验。我把它称为十分钟睡眠法。这被一些儿科医生和儿童心理学家所推荐。如果一个孩子在夜间哭泣，你走进去，但是不要把孩子抱起来。你对他说，'没关系，妈妈在。但是你要赶快睡觉'。然后你便走开。如果孩子再次哭泣，你就再走进去。一遍又一遍地重复，直到孩子睡着。这样，孩子就会明白没有讨价还价的余地。"霍伊特杰博士更为详细地描述了露丝用来安抚宝宝在夜间入睡的方法。

米歇尔关于 3R 原则的经验

当本出生时，产科护士向我介绍了 3R 原则。我以前几乎没抱过婴儿。非常幸运的是，她告诉我如何给宝宝洗澡。我的宝宝是那么小、那么脆弱，我非常担心自己会把他滑落，然后他可能会被淹死。她还告诉我如何给宝宝更换尿布。关于作息规律方面，她建议我要让宝宝保持有规律的作息，并坚持写母乳喂养日志。当然，作为新手妈妈，我对此非常认真。我仍然保留着日志，上面记录了本的进食和睡眠时间。随着他的成长，做法逐渐变化，但一切都按计划进行。我所遇到的主要问题是本进食慢。本是一个非常缓慢的进食者，吸吮一侧乳房就可能会耗上一个小时。我的婆婆告诉我可以挠挠他的脚底板，从而防止他在吸奶时打瞌睡。母乳喂养中心给的建议对我很有帮助。总的观点是不要让宝宝养成一有需要就进食的习惯，或是把乳头当作安抚奶嘴，而是要逐渐延长两次喂养之间的时间间隔，从而每次宝宝都会吃得饱饱的。不鼓励稍大一些的孩子随意吃零食。小学生在早餐后的第一次课间休息时会有些零食，午餐过后什么零食也不会提供，只能等到早早开饭的晚餐：这就是在校学生标准的进餐安排。

这或许是荷兰人肥胖比率较低的一个原因，还有一个原因就是所有人都经常骑自行车。

我们被告知，当本开始吃固体食物时，他就可以开始睡整夜觉。事实证明真的如此。我们遇到的唯一困难就是如何让他在夜晚入睡。我记不得这个建议是谁给的。但是过了一阵子，我们决定让他哭个够。我站在他房间的门外，时间逐渐延长（一分钟，两分钟，然后是五分钟）。偶尔进入房间给他一些安慰，但不会把他抱起来。过了四个晚上，他能够自己入睡了。我的丈夫非常希望孩子们严格遵循作息时间表作息。荷兰人相信，当孩子们有规律地作息时，他们会保持平静和放松。他们不应该适应父母的需要。

我的第二个宝宝艾娜，则完全是另一个样子。她会在五分钟内把一个乳房吸扁，在六周到六个月的时候，她就能睡整夜觉。作为典型的二娃妈妈，我连一本日记也没为她记下。然而当她开始吃固体时，她不再睡整夜觉了，部分原因是食物反流。我们尽量让她按照作息计划生活，但她的身体却另有想法。她非常喜欢有规律的作息，所以我们尝试让她有规律地进餐和睡觉。随着她逐渐长大，这仍然非常重要。但是我必须承认，艾娜现在八岁了，她仍然不是一个睡眠很好的孩子。

瑞娜实践荷兰育儿法

收集到这些建议，我决定全力以赴为马泰奥建立有规律的作息时间表。我对"规律"的理解是，要尽可能保持我们日常生活的规律性，而对"休息"的理解则是要保证马泰奥在白天小睡两次，以及每天晚上七点钟上床睡觉。它真的很有效，就是这么容易。完全没有必要去聘请一个昂贵的睡眠顾问，或是翻阅几十本睡眠指导书。虽然马泰奥有时会在半夜醒来，但主要因为长牙。我们拥有了更多的睡眠时间。

另外，放松心情，去坦然接受旅途中所有遇到的跌跌撞撞和各种小状况，保持开放的心态。如同童年一般，成为一位妈妈并不需要急急忙忙或是给自己过多限制。有些时间没和孩子在一起，当然不是一件需要羞愧的事。

来自丹麦的最新育儿建议是让婴儿白天睡在室外。一些荷兰托儿所安装了特殊绝缘材质的室外婴儿床。宝宝们在冬天的时候也可以在此幸福地睡觉。

最初，我对此非常迟疑。这样会导致他感冒或生病吗？他要是出了什么事该怎么办？但是我清楚地知道，每当我把马泰奥放进婴儿车里外出散步时，他就会睡着。有一天，我想如果在我们散步时他睡着了，我把躺在婴儿车里的他留在花园里也许并不会有什么不同。的确如此。马泰奥极其喜欢睡在他的婴儿车里。他穿着雪地装，躺在包被里是非常暖和的。他每次可以在户外睡两三个小时。有时，我甚至不得不叫醒他。这意味着我可以享受宝贵的、不被打扰的属于自己的时间，而且不必担心会打扰到他。

婴儿健康指导中心在《发展指南》中给出的建议

1. 有规律的日常作息

如果宝宝知道在日常生活中接下来会发生什么，就会哭得比较少。每天保持相同的活动顺序会使他感到更加安心：睡觉、醒来、吃奶（婴儿可能会在吃奶后打瞌睡，但通常只需要被唤醒即可）、拥抱或"说话"。

2. 当宝宝仍清醒但已经困倦时，就把他放在床上

如果宝宝习惯于自主入睡，他的睡眠会更充足，醒来时会精力充沛。总需要大人哄睡的孩子，当听到一个意想不到

的声音时便会醒来，或是在他睡觉过程中移动身体时醒来。宝宝可能需要5~20分钟才能入睡。在这段时间里，他可能会发出呜咽或哭泣，然后渐渐睡去。

3. 可预测的活动

宝宝应当在安静的地方入睡，如摇篮、床、婴儿车或婴儿床以及爸爸妈妈的怀抱或背带里。然而让你的宝宝学会在自己的婴儿床里睡觉，是非常有用的。

4. 防止过多的外界干扰

你可以这样做，确保收音机和电视不是一整天都开着，不要让未满三个月的婴儿长时间待在婴儿健身房里间，不要把他放在电视前面，并且限制那些可能扰乱他睡眠习惯的来访者。

5. 休息

确保宝宝拥有健康的作息，尽量保持环境的安静，每日长时间外出不要超过一次。

6. 把他紧紧地包裹在床上

当宝宝无法挥动他的胳膊和腿时，会睡得更好。给宝宝铺床时，要把毯子盖到宝宝的肩膀上，并让他的脚能够接触到床尾。把宝宝裹进毯子里，会使他感到很舒服。

Chapter 4
学前儿童：只玩耍不识字

在很小的时候，并不是所有孩子的心智方面都能够
为学习读写做好准备。在荷兰，孩子们开始学习的时间
更晚，学习更慢。但到了二年级，他们都能够进行读写
和算数，并且可以齐头并进。孩子们在儿童早期享有非
结构化游戏的时间越多，他的大脑获得自然发展的时间
就越多。对小孩子来说，这是极为重要的。

瑞娜：不需要急着让孩子学认字

想象一下，如果你在视频里看到一间丰富多彩的教室：教室里有好多储物架，架子上摆着好多储物盒，盒子里装满了各种图画书、美工用品、积木、橡皮泥、乐高、玩偶和玩具屋。而在一个游戏区角里，配有一个厨房、一家商店和一些用于扮演角色的服装。教室里，一个黑头发的三岁小孩被一群金发碧眼的小朋友们包围，他似乎有些失落。他和其他孩子一起站在教室中间。教室里的其他小朋友看起来都认真地跟随老师，随着音乐模仿老师的手部动作。但是他却没有。他对老师正在做的事情不感兴趣，似乎有其他计划。他决定不追随老师，而在地板上打滚。另一个孩子也在开小差，他把脸贴在玻璃门上。那个孩子似乎更喜欢户外游戏场。那里有红色的攀爬架、沙箱，还有温迪屋[①]。老师继续进行她的活动，并没有干涉这两个小男孩。

视频里呈现了朱利叶斯所在幼儿园里游戏小组的情况。他每周去游戏小组四次（每周去四天，分为上午两次、下午两次，每次大约三个半小时）。每个小组有两名幼儿教师，最多会有 16 名幼儿。朱利叶斯恰巧是一个不爱说话的男孩。他相当害羞，很少跟陌生人聊天，也很少在小组里讲话，因此老师正在对他的荷兰语发展给予格外支持，但仍是透过游戏，而不会采用任何形式的正式指导。这家机构设施极好且非常便利。在这几个小时里，朱利叶斯可以在这个安全的环境中去探索和发展自身的社会交往技能，这样我也有机会给小宝宝马泰奥一对一的关注。

典型的半日活动含有以下常规环节：首先，家长送孩子入

---

① 一种供幼儿玩耍的户外游戏室。——译者注

园时，学校会鼓励家长留下来给孩子讲个故事或陪孩子玩会儿拼图，再跟孩子道别；接下来是"圆圈时间"，小朋友和老师围坐在一起相互问好，并引入今天的美工活动；然后是幼儿自由游戏和美工活动的时间；紧接着是第二次"圆圈时间"，小朋友和老师围坐在一起听听音乐或做其他活动；最后，小朋友们继续自由游戏，直到家长来接。老师并没有试图去教孩子们识字或数数。正如它的名字，游戏小组就是玩游戏。它围绕孩子们最喜欢做的事情——玩，并和其他小朋友一起玩。

当我看视频时，我不能确定自己究竟是何种感觉。看到儿子做他自己，没有强迫他参加活动或是保持注意力，我感到有些哭笑不得。我试图成为一位清醒、冷静的荷兰妈妈，去享受这种宽松的育儿方式。然而，我的脑海里却有个挥之不去的声音："这就够了吗？"

"我想知道我们这样做是否正确"，一天晚上我向布拉姆倾诉道，那天白天我又和布拉姆一起看了那段视频。我们躺在床上。我喜欢在这段时间里进行贴心交流，他喜欢用这段时光去放空身心和读读书。"我心里很犹豫。把朱利叶斯送到这所幼儿园，对他真的好吗？他什么都不需要学，不学识字，也不学算数。你觉得他会不会落后？"

如果说我从自己的移民父母身上学到一件事，那就是教育意味着一切。只有你在学校表现优异，才能有好的生活，否则就会受苦。这事关生存。越早开始学习，你才能学得更多。早起的鸟儿才会有虫吃。在我脸书的好友动态里，总能看到我那些朋友们回到家后很得意地晒他们孩子的成就：四个月大的宝宝在学坐椅里目不转睛地看芝麻街的节目，八个月大的孩子能完成拼图，一岁左右的孩子在 iPad 上玩益智游戏。所有这些都是希望让自己的孩子领先一步，从而确保将来的成功。

按照虎妈的方式，在儿子出生之前，我已经为儿子的教育做好了规划。我读了诸如约翰·梅迪纳（John Medina）的《婴儿的大脑规则》（*Brain Rules for Baby*）等书，并买了一百多本书，以确保从他出生的那一刻，我们就开始阅读。此外，我还坚持只购买使用无害油漆的木制玩具。然而，差不多四年过去了，我的儿子如今却还在学说话，更不用说在阅读、书写和算术方面领先了。

布拉姆向我保证，"别太担心，我现在很正常，不是吗？荷兰的教育系统并没有把我弄得很糟糕"。他当然是对的。我的丈夫在小时候并没有获得来自学校和家庭的过多帮助，但他仍然上了大学，并获得了硕士学位。

在美国和英国，家长被一种不言而喻的文化期待所影响，满怀好意地催促着自己的孩子从小就开始学习。而英美国家幼儿园和学前班的压力越来越像是在小学。一项名为"幼儿园是新的一年级吗？"的研究对1998年和2010年的美国幼儿园进行了对比。结果表明：如今的幼儿园教师对学生文化知识方面有更高的期待，并把更多的时间用在读写和算数等正规教学活动上。令人痛心的是，这意味着用于艺术活动、音乐活动和自主游戏的时间会被缩短。但在诸如荷兰、斯堪的纳维亚等国家，情况却并非如此。

我的一个荷兰朋友，是一位童书作家和插画家。她和丈夫、六岁的儿子缪斯（Muses）一起住在旧金山湾区。"作为一个局外人，我时常惊讶于美国母亲和荷兰母亲在养育孩子方面会如此不同。我每天都能感受到不同观念的冲击。美国母亲认为，孩子开始学习读写和识数的年龄越小，就意味着他们在将来会取得越好的学业成就。她们非常专注于孩子的早期阅读。"

"我在某篇文章中读到过，美国和欧洲国家的育儿理念最大差异之处在于：在欧洲，家长们最关心孩子是否快乐，能否找到一个让孩子感到自在的学习环境；而美国，父母则最关心他们的孩子在将来的生活中能否取得成功。"玛丽亚谈道，"如果你非常关注孩子是否会取得成功，就会希望你的孩子去上最好的学校。"

"那样会带来很多忧虑和很多内疚。我负担不起那所很棒的私立幼儿园，但我并不担心。因为如果你给予孩子爱，并且看到他们很快乐，他们就会很好。我真的很感激自己在荷兰长大，让我能有旁观者的视角。它让我明白身为父母最为基本的是什么，让我免于陷入那种一味的竞争中。"

住在旧金山的另一位荷兰妈妈奥蒂莉（Ottilie）说，"我和我的表兄妹关系很好，我们经常一起接送同年龄段的孩子回家，所以我们经常就此话题进行交流。我的结论是，起初，旧金山的孩子们在阅读和数学方面领先，这是因为他们开始学习的时间早。但是到了二年级，我发现这些孩子的领先优势停滞了，因为老师努力使所有孩子都达到同一水平。我的观点是，在很小的时候，并不是所有孩子的心智方面都能够为学习读写做好准备。在荷兰，孩子们开始学习的时间更晚，学习更慢。但到了二年级，他们都能够进行读写和算数，并且可以齐头并进。孩子们在儿童早期享有非结构化游戏的时间越多，他们的大脑获得自然发展的时间就越多。对小孩子来说，这是极为重要的。令我感到难过的是，我的儿子不得不从很小的时候就开始在那么长的时间里坐着不动。"

"我的两个孩子都'很晚'才开始认字——在他们差不多七岁的时候。在他们六岁的时候，学校提醒我，我的两个孩子需要更多帮助来提高读写能力，但是我拒绝了这个建议。我想等一等，因为并不是所有的孩子在五六岁就做好了读写的准备。"奥蒂莉接着说："然后快到七岁时，他们都开始了阅读。他们进步速度极快，并成为了阅读的忠实爱好者，经常会去看那些超出他们年龄的读物。倘若他们接受了专业帮助，这些进步都会被归功于那些项目。不过我坚信，只要孩子们没有诵读困难或其他学习障碍，等到他们准备好了，他们就能学会读写。"

这给我留下了极为深刻的印象。奥蒂莉设法去坚守自己的立场。即便在旧金山这种非常注重早期教育的氛围中，她仍然能够坚持她那份实用主义的智慧。

一位荷兰妈妈的解释

我对荷兰的育儿方式十分好奇，渴望跟其他妈妈成为朋友。我向婕特（Jet）发出邀请，希望她来参加妈妈间的约会。婕特两岁的儿子杰米（Jaime）和朱利叶斯在同一所幼儿园。她和家人在国外生活了 11 年，刚刚回到荷兰。我们约了碰面。这是一家很受欢迎的荷兰商店，你可以在那找到任何商品，包括一份丰盛又便宜的早餐。我们只花了两欧元，就买到一份煎蛋三明治、一个牛角果酱面包、一杯橙汁和一杯咖啡。

"为什么小孩子从咱们儿子那么大开始，就需要学习他们的ABC？为什么不能让他们无忧无虑地玩耍？"婕特问道，"和其他小伙伴一起玩耍同样重要。孩子们在小的时候被鼓励去玩耍，这对他们今后成长很有帮助。"

"小学可能会是一个相当严酷的世界。例如，一些孩子在举办生日聚会时，不会邀请班里的每个同学。有些妈妈可能会为此感到伤心，因为自己的孩子没有受到其他同学的欢迎。游戏小组懂得在儿童早期发展过程中孩子们社交能力的重要性——如何交朋友、学会轮流做事、友善待人，以及如何在一起玩。"

"但他们会如何学习呢？"我问。

"什么意思？难道你没有在游戏小组旁坐下，去观察他们实际做什么吗？你知道他们每天早上都会围坐成一圈吗？我在的那天，他们正在认识天气。老师会问：'杰米，你能告诉我今天的天气怎么样吗？'老师会指向一张图表，上面有几幅图片：一幅画着太阳和蓝天，一幅画着乌云和雨滴，另一幅画着打着旋涡的云（表示大风天）。她接着会让杰米站起来，看看窗外，然后选择一幅图片。杰米跑到窗户边，抬头望着蓝天，然后指向右边的图片。对我来说，这就是学习。"

米歇尔的故事：我想让我的孩子普普通通

家长要尽早并且充分挖掘出孩子的潜力，我从不相信这样做是对的。为什么要那么着急呢？英国家长总爱竞争，喜欢比较孩子在婴幼儿时期所达到的发展指标。在荷兰，很少去关注孩子能否进行早期读写。事实上，有人会对此持有反对态度。一位荷兰女友提醒我注意：在荷兰，人们更倾向于低估成就。这点作为外国人往往会忽视。这里有一种要尽可能趋于平均而不炫耀的社会压力。这解释了为什么这里缺少竞争，以及为什么没有家长渴望展示自己孩子的才能。

艾娜三岁的时候，她是一个黏人且害羞的孩子，但她可以写出几个她自学来的单词："Mama"、"Baba"、"Ina"、"Ben"。她会把这些词到处写。她在儿童健康中心接受三周岁筛查时，溜达到预约台，抓起一张明信片，并在上面写了她的名字，然后在等候室里自娱自乐起来。但是护士直接忽略了这些，继续测量发育状况，接着让她把三块积木堆高。

当艾娜想学什么时，我会给她帮助，但从不要求她去学习。当她快满四岁去上学时，老师留意到她的学习兴趣，给她提供了作业单，让她练习拼写和算数。她在那个年龄里就萌发出对数学的热爱，会躺在床上背诵她的乘法表。她的学习进度一直比班里的其他同学快。她跳了一级，升入三年级。那个阶段会更侧重学习。

为有天赋的儿童提供额外的资源，从而拓宽他们的知识面，而不是不假思索地就让孩子跳级，这是学校通常的做法。尽管这样，当艾娜感到越来越无聊时，又跳了一级。然而和其他荷兰家长、她的老师一样，对于我们来说，社交能力比学业表现更重要。当她十一岁时，我希望她能跟朋友们愉快相处，而不要成为一个超前发展的、少年老成的孩子，总把大量时间花在做数学题上。跟学校老师商量后，我们决定让她在小学的高年级多读一年，这样她在十岁时就不会去上中学了。

游戏小组的教育理念

为了让自己彻底消除对朱利叶斯学习的焦虑，我决定在游戏小组上午课程还未开始前，与朱利叶斯的老师谈一谈。安娜（Anna）、丁格纳（Dingena）和伊尔玛（Irma）都六十多岁了。她们亲切和蔼，如同祖母一般，很享受跟孩子们在一起。她们一边准备着当天的艺术活动，一边回答着我的问题。

显然，我并不是唯一担心缺少正式教学的家长。对于孩子尚未开始阅读，有些家长已经表达了他们的忧虑，担心孩子可能会在读小学时跟不上。我们受到超前教育观念的影响。但是游戏小组的老师们总是试图让家长们理解，相比于正式教学，游戏对孩子们来说是最好的。

这三位老师加在一起已经有八十多年的教学经验。老师们依然坚信幼儿课程应当生动活泼，鼓励自主探究。她们打消了我们这些家长的疑虑。

安娜解释道："我们要为每个孩子提供机会，让他能够按照自己的节奏去发展自我。这对我们来说是最重要的。无论是在室内的活动室还是在室外的游乐场，教师都要为孩子们准备丰富多样的游戏材料，供他们自主选择。我们跟孩子们进行大量交流，跟随他们的思路，鼓励他们去探索。"

这些看似凌乱但摆放有序的诱人玩具、图书和美工材料，确实能看出老师为孩子提供了一个丰富且适宜的环境。孩子可以选择自己想做的事，充分满足好奇心，发挥想象力。看到那些塞满玩具的盒子，我甚至难以抑制住想去翻一翻的冲动。班级规模很小，配班的两位老师有充分的机会跟班上的每个孩子进行一对一的交流。她们在这两年中的确非常了解班里的每一个孩子。这也是我所看到的。

伊尔玛说道，"我们希望孩子们学会如何与同龄人交往。我们会鼓励他们一起玩耍。这样，他们就能够去学习交往技能——要去分享，要有耐心，还要自信。我们也会安排集体活动，比如一起读故事、唱歌、全班一起做某件东西等"。

丁格纳说，"当父母来到这里，表达他们对孩子没有受到足够挑战的担心时，我们会告诉这些家长，他们的孩子会背诵字母表，可以从一数到一百，能认识所有颜色，确实很棒。但是这并不是真正的学习，只能算作小把戏。就像猴子一样，他们的孩子也可以表演些小把戏。仅此而已"。

无论我在荷兰生活了多久，荷兰人阐述问题时直言不讳的方式仍时不时让我感觉像刚冲了个凉水澡，比作"当头一棒"一点儿也不为过。我不得不提醒自己，丁格纳并不是要把我三岁的孩子称作一只耍把戏的猴子。她只是强调，教孩子如何玩远比教他们学习字母和数字重要。

安娜说，"昨天，一个孩子在班里哭了起来，因为她的爸爸妈妈刚刚又有了一个新宝宝。我们花了些时间让她把自己内心的感受和情绪表达出来。这就是我们在这儿的意义。我们教孩子们如何明白地表达自己的感受，并帮助他们识别这些感受。这不是单纯的学习，而是要成长为一个真正的人，学会表达自己的情绪，以及如何跟同伴相处。如果有一件事情是荷兰家长擅长的，那就是跟他们的孩子交流。当孩子能够牙牙学语时，他们就会鼓励孩子进行交流。这有助于解释为什么荷兰孩子总是如此善于表达且自信"。

骑车回家的路上，我想我们是否真的有必要总是去取悦孩子，总想着去培养和教育他们，甚至会去逼迫我们的孩子。即便没有这些，荷兰的孩子依然成长得这么好。

Chapter 5
学校教育：毫无压力

　　虽然学校里并没有强烈的竞争，但荷兰人却在创意、创新和创业等方面取得了非凡的成功，涌现了许多知名的艺术家、设计师和建筑师，更不用说这个国家曾产生了 21 位诺贝尔奖得主；同样令人印象深刻的还有维基百科上所列出的荷兰发明，包括 DVD、CD、蓝牙和 Wi-Fi 等。

米歇尔：重新思考教育

在我们需要做出的所有育儿抉择中，为孩子挑选学校似乎是最为关键的抉择之一。在那个时间段，生活中似乎没有别的事情比孩子的教育更重要。我在伦敦的朋友们告诉我，大家在茶余饭后的闲谈中无不流露出困扰，因为没有人能够确定自己做出了正确的决策，无论他们最终选择了私立还是公立学校。对于英国人和美国人来说，教育是通往成功的必经之路。你在学校里表现得越好，你在人生中就能走得越远。如果你不能让孩子进入一所好的幼儿园，就无法让他们进入一所好的小学，而且还要是一所好的私立小学——或者，如果你能负担得起，还要选一所好的预备学校（prep school）[①]。这是让你的儿子或女儿进入一所相当不错的中学必不可少的前提。当然，孩子在一所相当不错的中学就读，成绩取得 A 级，进而获得顶尖大学的就读资格则是必不可少的。这同样适用于美国：顶尖的成绩 = 顶尖大学，或顶尖的运动员 = 顶尖大学的全额奖学金 / 利润丰厚的职业体育合约。许多家长会想尽一切办法让孩子进入正确的学校。他们会去申请抵押贷款，或者搬家，甚至会搬到另一个区——那所"正确"学校的学区。

然而，在荷兰，取得一个好成绩和进入一所合适的大学并不是全部。这里的学校教育有着不同的目的。传统上，学校教育是孩子健康成长和个体发展的途径。你并不需要取得特定的成绩才能选修大学课程：你只需要正常发挥就能取得一张普通的毕业证书。这就能够确保你上大学。学生不必为入学资格竞争。为了更

荷兰育儿法：养育全世界最快乐小孩的秘密

[①] 在英国，为 11~13 岁即将升入中学的孩子提供的预备学校，属于私立教育。——译者注

好地了解荷兰的学校制度，我需要卸掉自己所有心理上的负担和潜意识里的价值判断，去重新思考教育到底是什么。我不得不割舍掉在我成长过程中所坚信的许多事物。

当本两岁半，我还挺着大肚子怀着艾娜时，我们要从位于阿姆斯特丹南部的一栋小公寓搬到城市北部的一所房子。城市北部也被称为诺德。这里天气有时候很让人喜欢。有时则因为受到北极风的影响，天气会变得如同"西伯利亚"一般，着实让人爱不起来。我的丈夫出生并成长在阿姆斯特丹，但他只冒险来过一次这里，就被这里的天气吓坏了。流经阿姆斯特丹的伊日河（River IJ）的一段冰冷的河道，把这里与城市的其他地方相分隔。这里在旅游地图上很少出现。诺德过去是安放绞刑架的地方。在民众的印象中，这里长期以来都与犯罪、贫穷，以及政府安置"反社会分子"的实验性住房项目相关。直到 2007 年，人们提起这里会想到大量的高层塔楼、大批的移民人口和一个披着丑得惊人的白色塑料外袍的购物中心。

不过，在搬到阿姆斯特丹之前，我就住在位于伦敦西北部的哈利斯登。那里有些杂乱，到处都是加勒比人开的炸鸡铺子、黑人的美发店以及葡萄牙人的咖啡馆，所以我很期待所在地区的多元化。阿姆斯特丹北部让我感觉就像在家一样。我发现了一幢廉价出售的宽敞的老房子，跟一个公园毗邻。在我们搬入之前，中产阶级化进程中的典型先驱者以及大批的新移民，已经打算将阿姆斯特丹的诺德变成荷兰版的威廉斯堡（位于纽约）或霍克斯顿（位于伦敦）。

我的丈夫要展开一项重要的工作。那就是为本选择一所小学。在三岁生日之前，本需要在学校进行注册。因为只考虑公立学校，我们很快就确定了一个选择清单。在荷兰，对于选择送孩子去公立学校还是私立学校，父母们没有压力，这一点让我从一开始就非常高兴。我曾在一个地方性的文法学校就读。在大学第一年，我和私立学校出来的同学有学业方面的明显差距，不得不紧紧追赶。接下来，在出版界工作的过程中，我经常需要回避自己在哪所学校就读的问题。这让我痛苦地意识到，曾在何种类型的学校就读，对于你的社会地位乃至大家对你的看法，都至关重要。你是我们当中的一员，或者你是他们当中的一员。

我们所在的新社区，有一系列学校供我们选择。首先，有几所基于某种特定的教学改革法的"概念学校"。从历史上进行追溯，这些教学法属于舶来品，如意大利的蒙台梭利教学法、美国的道尔顿计划以及德国的耶拿计划，一个基于儿童的自主学习课程。这里还有一些更为传统的学校：基督徒或穆斯林的教学校以及非宗教性质的公立学校。任何一所学校都是不收取学费的。

我们参观了几所学校，立刻被当地的一所蒙台梭利学校里平静、愉悦的氛围所打动。学校建筑并没有什么特别，就是建于20世纪80年代的一排单层教学楼，墙壁漆成白色和黄色。学校里到处都挂着孩子们五颜六色的艺术作品。沙坑、娃娃家和创意工作台，供孩子们玩耍的游戏区构成了颇具特色的走廊。满脸幸福的孩子们在此玩耍。教室里则很安静，孩子们忙着各自的"工作"。有些孩子忙着跟书本打交道，还有一些则忙着操作串珠、木块或卡片。低年级的孩子们经常坐在地垫上，共同参与教育性游戏。所有孩子都看上去愉快且轻松。在盎格鲁－撒克逊国家，蒙台梭利学校是私人教育体系的一部分。在这里，所有人都可以享受到。我蒙受了恩惠。

阿姆斯特丹有28所蒙台梭利学校。第一所蒙氏学校成立于1914年，到20世纪20年代变得受欢迎。《安妮日记》的作者安妮·弗兰克（Anne Frank）在隐居之前曾在一所蒙台梭利小学就读。透过蒙氏的教育哲学，很容易明白为什么这种教学法对荷兰人如此具有吸引力。实施道尔顿和耶拿计划的学校在这里也同样深受欢迎，因为这些教学法强调的重点都是独立和帮助他人。"帮助我，让我自己做"是最基本的前提。

玛丽亚·蒙台梭利（Maria Montessori）认为，父母和老师作为成人不应该把自己的想法施加给儿童，让儿童自然而然地自我发展是更可取的。不应当让所有的孩子都在同一时间一起学习相同的东西，而是要基于每个孩子，让他们按照自己的步调来选择需要学习的东西。蒙台梭利认为，鼓励孩子们根据兴趣提升技能，而不是去强迫他们学习。事实上，这种教学主张已经渗透到荷兰的教育体系之中。在所有荷兰小学里，孩子们都是从四岁开始上学，但并不会正式开展诸如读写算的结构化学习。这些要等到他们年满六岁就读三年级时才开始。如果他们较早展现出对这些科目的兴趣，教师会提供相关材料让他们进行探索。我的两个孩子都是以这种方式在他们一年级的时候学习读写，但是不会有任何压力。那些到了六七岁就读三年级时才开始学习读写的孩子们，并不会因为起步晚而表现出明显的劣势。这些孩子很快就会追赶上来。

美国国家儿童健康与人类发展研究所的研究表明，"阅读是幸福、充实、有成就感的人生所必需的唯一且最为重要的技能。拥有良好阅读习惯的孩子会是一个自信的孩子，并且具有高度的自尊心"。不要强迫孩子过早开始阅读，要让阅读成为一种乐趣，而不是一件令人讨厌的事。

社交技能的重要性

我们最终选择了我们所在社区的这所蒙台梭利学校，并不是因为我们非常了解它的教育方法，而是它给我们留下了如此美好的印象。现在回过头看，我想我当时已经变得相当荷兰化了。我知道很多英国或美国的父母会去调查所有可供选择的学校，去比较学校的排名成绩，还会同老师会面等。这些都未曾发生在我身上，也许是因为我跟随着我丈夫的引导。但是当我四岁的儿子第一次带着学校的评价报告回家时，我承认自己被震惊到了。根本没有成绩，完全看不到分数，也没有诸如 ABC 的等级排名。报告上并没有写他在班级名列前茅，这是他成绩优异的妈妈一直暗中希望的，但也没有写在班里垫底。事实上，报告上没有任何迹象表明与班级其他孩子相比他所处的位置。相反，报告中每个评价类型的后面都标有五个圆点，以此代表本的发展水平。这些相当无聊且乏味的小圆点，是唯一能够聊以慰藉我渴望确切知道结果的悲伤心情。这跟我从前就读小学的成绩单完全不同，那上面会写满了各项成绩以及我在班级里的排名。

◆远远落后于常规的学习进度

◆稍稍落后于常规的学习进度

◆能够跟上常规的学习进度

◆稍稍领先于常规的学习进度

◆远远领先于常规的学习进度

根据图表中呈现的结果，我推测本应该是领先于平均水平的，但这并不意味着比相对落后更好。而且评价报告的大部分内容把重点放在他的社会交往技能以及性格特点上，而不是侧重学业表现。这冲击了我的那套从未受过挑战的价值观。为什么社交技能会比变得更聪明还重要？

我的两个孩子在整个小学阶段都只收到过这种五点式的评

价报告，没有十分制的打分，也没有 ABC 的等级排名。每个点都向我呈现了他们在特定技能上的大体表现，例如与他人一起合作完成任务的执行力、做事情的条理性，以及应对挫折的能力等。不仅仅是蒙台梭利学校，许多其他类型的学校也使用这种评价体系。

所选取的各类评估项目都有着深刻的含义。"行为举止"方面：理想的孩子应当是独立、平静、温和、自信、自发和负责任的。"关心环境"方面，孩子们的作业是否整齐有序，课桌是否干净整洁。"与老师的关系"方面：理想的学生应当乐于助人、好奇、有礼貌、替他人着想和知错就改。与这个方面相对应的是"与同学们的关系"：孩子们被鼓励相互合作，从他人角度思考问题，具有复原力和善于倾听。最后，"工作态度"的评价项目中包含了以下内容：做事标准、毅力、专注力、独立工作的能力、上课注意听讲、行为动机，以及孩子做事情的速度等。

相比于我当学生的时候所收到的成绩单，这份报告对于性格特点有着更为详细的评估。而且对于学校希望达成的目标，以及所强调的核心价值都有着清晰的陈述：学业上的出色表现和获得高分并不是真正必需的，而是要培养一个社会性发展良好、做事有条理的孩子。这似乎跟英国朋友们的经验相差甚远。英国的学校似乎更关注那些接二连三的考试，从而提升学校简介上的学校排名，以及学校募集赞助的能力，而不是关注这些参加考试的孩子们的能力提升。

安加（Anja）是我所在读书会里的一位荷兰妈妈，我问她认为学校教育里有哪些方面比较重要。她说："最主要的是有各种各样的游戏！"她回应道，"我希望我的儿子们能够学会创造性地思考，而且要具有良好的社会适应性……除此之外，我认为音乐方面的发展也很重要。"

如果你为孩子选择了蒙台梭利学校或采用道尔顿或耶拿计划的学校，那么孩子们是没有家庭作业的。如果你选择了其他任何类型的小学，家庭作业也很少。大多数孩子在小学毕业之前几乎没做过家庭作业。围绕这个问题，越来越多的研究表明，让这些年幼的孩子们做家庭作业简直就是浪费时间，对于巩固所学内容或提升学业表现方面很少或者根本没有作用。这是荷兰与英美两国最为主要的区别。在这里，相比于取得好成绩，玩得开心则更为重要。

我妹妹住在英国的一个小镇上。她告诉我，她女儿所就读的小学要求家长签署一份合约。合约要她保证每天晚上都和女儿一起读书，和女儿一起练习拼写，和女儿一起做家庭作业。她补充说："老师甚至会开设家长班来讲解这段时间他们是如何教数学的，从而让你更好地辅导孩子。"像大多数父母一样，她全职工作，还要经常接送女儿参加课外活动。找时间坐下来，在晚间辅导孩子们做作业，给早已紧凑的日程安排又增添了许多压力。

在英国，学业表现仍是学校课程所重点强调的。罗曼·克兹纳里奇（Roman Krznaric）是一位牛津大学的哲学家，他所写的《如何找到心满意足的工作》（*How to Find Fulfilling Work*）一书是我几年前决定从事自由职业的一个重要的影响因素。他研究的主要领域是共情。我在同他交谈的过程中，他提到"近些年来，英国政府选择削弱社会性和情绪情感领域的学习项目，取而代之的是传统意义上的读写算的课程。这是一个非常严重的错误"。

我问罗曼英国学校在哪些方面可以做得更好。他解释道："培养学生共情的能力，对于儿童的情绪情感领域的发展，以及与其他人建立联结的能力是非常重要的。但是英国的学校却没有坚持

荷兰育儿法：养育全世界最快乐小孩的秘密

继续做下去。"他补充说，"同理心之根（Roots of Empathy）是一个起源于加拿大的教育项目，目前已经影响了超过 75 万名孩子。诸如此类的学校教育项目证明，同理心不仅是可以培养的，而且还有助于提高合作能力，减少欺凌问题，甚至能提高孩子们的学业综合表现。"

尽管英国的传统教育把重点放在读写算上，但是经济合作与发展组织（OECD，简称经合组织）的一份新的报告显示，在 34 个发达国家中，英国 14~19 岁的青少年在读写技能方面排名垫底，数学运算能力位列倒数第二。在经合组织的此项研究中，荷兰位居榜首，接下来分别是芬兰和日本。《泰晤士报》曾对此进行了报道，"根据一项全球调查，在发达国家中，英国青少年的读写技能最差，数学能力也挣扎在垫底的边缘"。荷兰纸媒则兴高采烈地写道，"在学校学习英语的荷兰人对这门语言掌握得更好"，听起来简直像是"一个荒谬的笑话"。

明确规则至关重要

为了更好地了解我的孩子所在学校的价值观，我决定直接找校长聊聊。她亲切友好的管理风格，让我确信学校有一个愉悦的氛围。她身材小巧，但非常壮实，走起路来有些摇摇摆摆，像一名刚刚上岸的水兵。她明年将要退休。我几乎每天早上都能看到她站在校门口，与每个走进来的孩子一一握手。她总是强调必须要用右手，而且要把手套摘下来，这才是握手的正确方式。孩子排成一队，一步一步地走，不要跑。如果她没能出现，则会有另外一位老师按照同样的方式来迎接孩子们。

在她那间狭小且简朴的办公室里，我向她解释了这本书计划呈现的内容。我还没有给出任何提示，她便主动谈道，她觉得

"让孩子在学校里感到快乐，是绝对至关重要的"。

这令我十分惊讶。我没想到她会如此直截了当地提出。我问她是如何在学校里营造平和的氛围。她稍稍停顿下，然后说，"要有明确的规则。规则是必不可少的。当我十七年前来到这所学校时，学校是比较混乱的。孩子们会像野兽一般，在学校里横冲直撞"。

我点点头。我现在几乎无法想象那种情景。

"我会亲自站在校门口迎接孩子们，并呼唤每一个孩子的名字。这意味着新的一天开始了，孩子要让自己保持平静。那份短暂的联结是非常重要的。"

这是真的：学校里有差不多五百多名学生，她能够叫出每一个孩子的名字。当老师走进学校，要把关注重点放在孩子身上，注重提升他们的自立能力。即便是一年级的小学生，学校也不允许家长帮他们穿脱外套和鞋子，孩子会被要求自己的物品自己拿。

"我小时候在英国读小学时，学校会更注重我们的学业表现，而不是我们是否感到快乐和幸福"，我说。"学校要让更多孩子取得优异的成绩，难道你们没有这方面的压力吗？"

"哦，我晓得，我曾到几所英国学校参观过。"她继续谈道，"在这里，我们关注的是每个孩子作为独立的个体所能实现的发展。我们应该根据每个孩子的起始水平，而不是按照他所在年龄的常规水平，来评价这个孩子所取得的进步。"这位女校长会尽其所能让学习迟缓的孩子留在这所学校。因为她认为，相比于让他们去特殊学校，这些孩子留在这里会更好。

根据督学团的建议，学校刚刚成立了由六名9~12岁的孩子组成的学生会。"孩子们会如何谈论学校的优点，我对此非常好奇。我问他们为什么会把这所学校推荐给邻居。你知道他们说了什么吗？'老师会尊重你'，'这里几乎没有欺凌'，'你在这里能学到很多东西'，还有'老师们都非常友善，但也会用一种令人愉快的方式严格要求你'。"

"他们讲到点上了。"校长继续说道，"一种令人愉快的方式。老师和孩子们相互尊重是非常重要的。还有很多其他积极的方面。"她从脑海里快速回忆着，"'老师不打扰你'，'你可以独立做事'，'你不需要为自己争取权利'，'还会有很多派对！'"

这一点都不假，学校经常举办派对，还会有一些特别有趣的日子。这个新成立的学生会提出要设立一个穿睡衣的日子，这让校长想到自己在前一所学校时，她组织过一场在学校过夜的活动。"孩子们带着他们的睡袋和充气床垫，大家睡在体育馆里。我把家里的狗也牵了过来，从而让大家感到更安全。我们一起看了一场足球比赛。其中一个孩子的父亲经营着一家小吃店，他带来了荷兰炸肉肠和薯条。"

孩子们从六岁开始，学校会推荐他们参加两天一晚的集体外出旅行。这通常是孩子们第一次离开父母单独外出旅行。在旅行过程中，不能跟自己的父母联系，不允许带手机。随着孩子们的年龄增长，这种外出活动的时间会逐渐延长。当外出活动时，他们除了参观博物馆或名胜古迹，还会有很多时间在户外玩耍。

我们见到了幸福学教授

荷兰拥有自己的"幸福学教授"，那就是鲁特·维恩霍文（Ruut Veenhoven）教授，他在鹿特丹的伊拉斯姆斯大学任教。他是幸福学领域的前沿学者，多年来一直投身在世界幸福数据库（World Database of Happiness）的建设和规划上，该数据库可以在线免费获取。他同意向我和瑞娜谈谈他的研究发现，我们约在乌特勒支市的一个具有民俗特色的小餐馆里见面。这里靠近他正在照顾的孙子孙女们。他告诉我们那天正好是一个定期的"祖父日"（Opa Day）。

维恩霍文教授看上去非常和善，在开始我们的谈话时，他便告诉我们他将幸福定义为"生活满意度"：一个人对自己整个生活的享受程度。他提醒我们，大多数测试衡量福利（welfare）而不是幸福（well-being）。接着，他提到荷兰的平等主义文化。"我们曾经是一个以航海为生的国家，对水手们施加控制绝非易事，因此相比于其他国家，荷兰的封建时期较短。这种平均主义也反映在我们的家庭生活中——孩子与父母之间享有更多的平等。"

他表示，荷兰学校提倡"儿童友好型教育"。孩子们喜欢去上学。这也在联合国儿童基金会2013年发布的研究报告中有所呈现。荷兰儿童极少感受到学校课业压力，在发现同学的优点和乐于助人方面得分较高。

"相比于鼓励取得成就，荷兰学校更注重激发学生的内部动机"，维恩霍文解释道。"法国和英国学校通常最关注成就"，他补充说，"实际上，我们的研究表明，社会交往技能对于提升幸福感有很大帮助，比一个人的智商要重要得多"。

我们问他能否向我们介绍关于幸福与教育之间的关系。他身子向前倾了一下。"跟其他国家对比，我们发现平均教育水平和平均幸福度之间存在正相关。我们要想在现代社会中幸福地生活，离不开一群受过教育的民众。然而在现代国家内部，个人受教育的程度与个人幸福感之间几乎没有关系。既然受教育程度较高有着明显的优势，那么一定会有相应的劣势。尽管我们还不知道这些'幸福漏洞'（happiness leaks）在何处，但是可以肯定的是，家长无须为了孩子日后生活的幸福，而强迫他们努力学习以取得较好的学业成就。"

我们继续聊了一会儿。他看了下手表，要离开了。"我该回去照看我的孙子孙女了，他们马上需要吃午饭了。"

荷兰的中等教育体系

还记得本和弗洛里斯跟我一起在田圃里度过了一个美好的周末吗？如今，几个星期过去了。我在皇帝运河（Keizersgracht）边的办公室里进行编辑工作。我的手机突然响起，本的名字在屏幕上闪烁着。

"嗨，亲爱的。你还好吗？"

"我收到了小升初考试的结果，妈咪，"他急急忙忙地说着。"我考了545分！"

我们没有料到这么快收到小升初考试的成绩，以为还要再等上四天。不管怎么样，学校提早把成绩公布给了学生。本的总成绩刚好挂在被称为VWO①的学术优异组的分数线上（545~550分）。孩子们在小学阶段后三年需要参加一年两次的考试。考试是随机举行的，并且在考试之前不会有任何专门辅导。学校对学生的评估，除了基于考试结果，还会结合老师对他们在学习能力和态度方面的评价。

学校会根据每个孩子的学术能力和气质特点，判断哪种类型的中等教育更适合这个孩子，而这些考试仅仅旨在为学校判断提供依据。这种方式背后的思想是：对于学生的判断，老师比考试

---

① 荷兰的孩子从4岁开始进入小学就读，从12岁开始进入中学就读。荷兰的中学教育有三种类型，第一种是大学预备教育（VWO），注重学术能力的培养，为进入学术型大学做准备。第二种是普通中等教育（HAVO），为进入应用型大学做准备。第三种是初级预备职业教育（VMBO），为学生提供职业教育——译者注。

结果更准确。如果学生在小学升中学的综合知识考试（Cito）中取得了比以往考试更为优异的成绩，学校将会与孩子的家长讨论推荐就读的中学。这不一定会改变学校的判断，但不是没有可能。以本为例，这次考试的结果巩固了学校对本的印象：本是一个能够跟上语法学校并会在那里快乐学习的孩子。本已经注册就读了，就要等等看他到底是否进对了学校。

所获平均分数最高，并且具有良好学习品质的孩子，会被推荐进入学术类型的学校（最接近英国古老的语法学校系统），被称为大学预备教育（VWO）。该类型的中学教育在为孩子们进入大学学习做准备。在这种类型的中学里，学生们致力于获取大学预备教育（VWO）结业文凭。该类型的中学学制为六年。下一个水平的中等教育被称为普通中等教育（HAVO）。它提供普通的中等教育，使孩子们具备进入某种形式的应用型大学深造的能力。商业研究、护理或教育都是典型的应用型学科。除此之外，该类型的中学教育也能够为日后去学术型大学深造打下基础。综合知识考试（Cito）分数较低的学生会被推荐进入职前准备型的中等教育体系，接受初级预备职业教育（VMBO）。该类型的中等教育分为经济、技术、医疗保健和农业四个领域。学生会被推荐进入其中一个领域学习，从 16 岁开始为将来从事的职业做准备，并进行相关技能训练。有 60% 的孩子会进入这种类型的中等学校学习。我并未察觉到荷兰社会对此有任何歧视。此外，荷兰的中学教育体系允许学生们在不同的学习层次间流动。

当我把荷兰的学校制度告诉英国的朋友们时，他们的第一反应是担心孩子们被过早划分。这可能会限制孩子们的选择。但是在暑假期间，我跟在我们家进行防潮改造的施工人员交谈，让我改变了这种看法。其中一位工匠的女儿在一所职业学校（动植物科学与农业）就读。第一年刚过，即将开始第二年的学习，她已经进入了更高一层次的学校就读。他对女儿所接受的中学教育非常满意。他觉得只要孩子有能力，就有很大的可能进入更高一层次的学校。他的女儿计划成为一名驯马师，协助管理当地马场，并根据实际需要来接受相关教育。另外一位工匠有个 12 岁的女儿。他的女儿是十足的书虫，将要在当地的文科学校就读。他非常高兴自己的女儿能够得到这个机会。

本的那位高个子的朋友弗洛里斯被推荐进入普通中学（HAVO）就读。他是个安静、聪明的男孩，但难以集中注意力。每当他感到不知所措时，便会沉浸在书的世界里，所以常常完不成学业任务。令我感到惊讶的是，老师允许他在上课时坐在一旁读自己感兴趣的书，因为老师意识到这种躲避的方式对他的精神状态很重要，并没有试图强迫他更努力学习。他的父母和学校都觉得他或许是一朵较晚开放的花。这朵花朵会逐渐绽放。弗洛里斯说，他会从普通中等教育体系进入能够直接进入大学就读的大学预备教育体系（VWO），可以选择一所同时提供不同教育类型的学校就读。（一些有着远大志向的普通中学毕业生可以选择在大学读一年预科，然后再同那些一年后从大学预科中学毕业的毕业生一起进入大学学习。这是我 17 岁的侄子正在打算做的事情，他曾经因为视觉障碍而阻碍了他的阅读速度。）

遇到弗洛里斯的这种情况，这所蒙台梭利学校的老师们推荐就读中学的类型时会格外慎重。我能够想象的是，如果这种教育制度迁移到英国，来自家长的压力会让学校做出尽可能乐观的选择。

本这一届学生进入大学预科中学的升学率要高于往年的平均水平（本所在班级，今年有一半同学被推荐进入大学预科中学就读）。当我问本的老师森西亚（Cinthya）："一旦期望值被提高，会不会让学校感到明年很有压力？"她皱着眉头说："当然不会。我们只希望孩子们能够进入适合他们的学校就读。"与英美学校那种渴望学生学业表现更好的压力与苦恼相比，这种教育态度如此不同。每次触碰到荷兰教育观时，都会让我惊叹不已。

"及格就够了"

没有竞争的荷兰小学教育方式很有趣，学生没有"名列前茅"的渴望。中学也是如此。在中学，只要考到六分（采用十分制），便达到了及格线，保持在这个水平就好。需要明确指出的是，荷兰的评分制度不同于以百分为基础的英美评价制度。扣除所犯错误后的分数，满分几乎是无法实现的。大部分学生的成绩达到了六和七，这样足以确保他们拿到毕业证书。高中毕业生的平均成绩为 6.4 分。只有百分之几的学生平均成绩能达到八分。这是非常高的分数。

在学术型中学（VWO）里，如果学生成绩超过及格线，他们会被认为足够聪明，能够进入大学学习。显然这里并不存在分数日益贬值的现象。荷兰对学业成绩的评价制度看起来非常公平，能够有效避免精英主义的问题。但英国和美国不是这样。在英美，学生为了确保能够进入大学读书，他们会为了取得高分而展开逐渐升级的竞争。

文史学家何尔曼·普莱（Herman Pleij）最近在进行一项关于荷兰社会认同的研究，在这项名为"一定可能"（Must be Possible）的研究中，他对荷兰的教育政策进行解读。他谈道，荷兰教育政策会更加关注那些能力处于中等水平的大多数学生，而不是少数成绩最好的学生。

"黄金分割"的理念被广泛应用在荷兰各个层次的中学教育体系中，其核心目标都是赋予尽可能多的孩子具备某种资质。为此，成绩及格就足够了。如果你想做得更好，这完全取决于你自己。

亚里士多德（Aristotle）提出了"黄金分割"的概念——健康的中位数，能够避免执其一端的不足，这也是荷兰人思想的核心。那句"就像平常一样吧，这就足够好了"，也是这种思想的体现。

虽然学校里并没有强烈的竞争，但荷兰人却在创意、创新和创业等方面取得了非凡的成功，涌现了许多知名的艺术家、设计师和建筑师，更不用说这个国家曾产生了21位诺贝尔奖得主；同样令人印象深刻的还有维基百科上所列出的荷兰发明，包括DVD、CD、蓝牙和WiFi等。然而荷兰的教育方式却遭受着一些来自内部的批评：在荷兰，有些学校开始强调学生要不断努力，取得更好的成绩。普莱对此公开表示反对，他认为稳健与适中是荷兰教育体系中必不可少的特质，因为这样才能最具包容性，让尽可能多的学生感到被接纳。他认为，如果这种特质被舍弃，而只关注少数表现出色的孩子，这会降低总体的创新水平，以及这个国家的繁荣与安康。尽可能延长孩子们参与比赛的时间，而不是在争夺赛中逐渐被淘汰，这是荷兰学校制度目前的优势所在。

◆

亚玟（Arwen）是我在荷兰的一位老朋友，我决定向她和她的母亲聊聊学校的事情。亚玟差不多与我同龄。她的大儿子和我的儿子在托儿所成为好朋友时，我便认识了她。她是一位身材高挑、肤色白皙、金发碧眼的女子。她的老公同样身材高大、金发碧眼，并且曾经是一位奥运会运动员。他们有两个帅气的儿子。兄弟俩非常喜爱运动。一个夏天的午后，她带着她的母亲一起来我家喝下午茶。

宝琳（Paulien）是亚玟的妈妈，她是一位优雅的 70 岁老人，曾在教育部门担任特需顾问。她告诉我，她觉得自己的三个孩子去哪种类型的学校都并不重要。对她来说，更重要的是，他们此后会获得何种培养方式。"你自己是何种类型的人，这才是最重要的。你的兴趣是什么？作为一个十几岁的孩子，你假期打工会做什么？如果你想上大学，你需要获得大学预科（VWO）的结业证明，但是你能否考试及格或是能否考满分并不重要。"

不管怎样，她的三个孩子最终都从事了与他们培养方向大不相同的工作。她的一个女儿之前学习法律，如今为孩子们制作电影。另一个孩子以前从事南美研究，如今却在百货公司工作。亚玟曾学习护理，如今则是一位自由撰稿人。对他们的母亲而言，这最终证明孩子们的学业生涯并没有那么重要。

我问亚玟，她对自己的两个儿子是否有很高的期望。"嗯，如果我的孩子从事体育，我希望他们能够加入一个好团队。对于孩子所读的学校，家长往往会说只要他们快乐就好，在一定程度上的确如此，但我对他们也会有较高的期待。"

在阿姆斯特丹南部和霍伊（Gooi，荷兰最靠近好莱坞山的地区，在荷兰的希尔弗瑟姆附近）的富人区里，有一小部分望子成龙的家长。但我认为亚玟不属于这种类型的家长，而且她也明确表示："如果我的儿子没能进入学术型中学就读，肯定不会让我晚上睡不着！"

荷兰式育儿法：养育全世界最快乐小孩的秘密

竞争的问题

在我的生活经历中，从充满竞争氛围的学校和大学（我总在努力让自己在学业上名列前茅）走向工作和生活后，我发现生活中不再有考试和比较性的评价，这种转变让我感到很不适应。一个充满竞争的童年可能让你在日后的生活中常常被一种无处不在的失落感所包围。当不再有分数和排名时，你的自尊感从何而来。在某些情况下，这可能会导致你用财富或销售数字来衡量自身价值，或是把你的时间和精力用在为自己的孩子提供"最好"的一切上。我不想把这种以竞争为导向的压力灌输在孩子身上。我希望他们能学会去衡量自己所取得的成就，而不是需要不断地获得表扬，或是获得任何自己觉得比别人"更好"的证明。

波士顿学院的彼得·格雷（Peter Gray）教授在《今日心理学》（*Psychology Today*）杂志发表的一篇文章里，谈到了他认为美国教育所存在的问题，我认为这同样适用于英国。

> 在学校，孩子们很快就会明白，他们所选择从事的活动以及他们对于自身能力的判断不重要，重要的是教师的选择和判断。但教师行为却无法完全被预测。可能你学习很用功，却仍然获得一个很糟糕的成绩。因为你无法准确地知道老师想要你学什么，或是猜错他或她会考哪些问题。在班级大多数学生的心中，学习目标并不是提高能力，而是取得好成绩。

> 如果学生把大部分注意力放在分数和考试结果上，他们很可

能会忽略教育中的其他方面：广泛了解所学科目知识，开发智力和开阔思维方式。好成绩可能会带给孩子们一些工作机会和物质上的东西，但这些不是生活中唯一重要的事情。

但是不要让我给你留下错误的印象。即便在小学，荷兰孩子每年也要参加两次正式测试，主要考查读写和算术。这被认为是必要的恶，并且尽可能保持低调。这些测试的结果不会向孩子们公布，也不会以报告的形式告知家长。家长每年会有两次机会，可以粗略浏览孩子们的成绩。这有助于确定孩子们到了十一二岁将会接受何种类型的中学教育。不过没有总分，孩子们的成绩从不会被汇总或比较。正如我之前提到的，在荷兰，成为班级第一名简直不可能。

这种不追求竞争的态度在学校生活的其他方面也是显而易见的。在儿子第一次参加学校运动会的那天，当他回到家时，我不假思索地问他有没有在参与的项目中获胜。他用一个非常困惑的表情望着我。难道他们不比赛跑步吗？结果呢？好吧，他们的确开展了跑步，但是他等着他的朋友，这样他们就可以手拉手一起冲过终点。他们所关注的重点显然不是获胜。事实上，没有任何赢家或输家，也没有任何奖牌、奖杯或参赛队伍。孩子们分小组在运动场逛上一圈，尝试各种活动和挑战，其中包括充气滑梯、弹跳城堡、撞珠游戏、跑步、跳远等运动活动。这跟我小时候的运动会听起来不一样。我在跨第一个栏时就直接跌倒了，让我铭记终身。那个时候，连我的朋友都哈哈大笑。

经合组织在 2015 年开展的"过得好吗"（How's life）的调查中，对经合组织各国民众的生活幸福指数进行了评估。调查中，荷兰孩子所感受到的"学业压力"是最小的，在"喜欢学校"这一评估项目的得分很高。令人惊讶的是，诸如爱尔兰、美国、加拿大和英国这些讲英语国家的孩子所感受到的学业压力是最大的。把调查的所有不同方面综合在一起时，荷兰在孩子在校幸福感方面显然是个赢家。

或许由于职业教育是荷兰公立教育体系的一部分，绝大部分的孩子在 19 岁之前会一直上学，只有一小部分孩子在不满 19 岁便离开学校。有意思的是，同样由经合组织在全球范围内发起的一项关于儿童在阅读、算数和科学方面能力的调查，西班牙和土耳其的得分最高，但荷兰儿童在这项国际学生评估项目（PISA）中的得分也非常不错，而英国和美国分别名列第 26 和第 36 位。不采用超前教育，不需要竞争，同样可以取得不错的学业成绩，荷兰的教育制度便证明了这一点。

经合组织在最近发布的另外一份报告中，再次把荷兰的教育制度列在高水平组的领先位置。这份报告指出："在荷兰教育成功的背后，是学校对于教学质量的重视和采用基于实践的教学方式。这种实践将孩子们的想象力融入其中。"从学校毕业后，荷兰人仍保持着较高的教育水平。对 16～65 岁成人进行的 PISA 测验的结果显示，关于运算和读写能力的平均得分，荷兰位居第三，仅次于韩国和芬兰。

瑞娜回顾了她在美国的教育感受

我最初搬到荷兰时，不仅仅是为了爱情而移居到一个不同的国家，也是为了学习一种不同的生活方式，一种可以让心灵变得更为温和的方式。因为我所来自的地方，那里的生活总是过于粗糙，甚至有些粗暴，对于失败和不完美很少抱以包容。当我离开时，我也开始从这种生活中脱离了。

大多数故事都如此展开：孩子成绩出众，进入一所有名望的大学，从医学或法学院毕业，从事一个难以置信的高薪职业，结婚，生两三个孩子，开着昂贵的汽车，居住在生活便利的街区。一个人需要取得成就，才能体现出个体的自我价值。一个人所取得的成就在多大程度上会影响朋友、家人和周围的邻居们看待他的眼光。

《大西洋月刊》（Atlantic）刊登了一篇名为《硅谷自杀》的文章，文章中讲述了一群聪明的孩子们在帕洛阿尔托结束了自己的生命。尽管读到这篇文章令我很心痛，但我却并不感到惊讶。我也来自旧金山湾区，仍然能够清楚地回想起自己在十多年前读高中时承受了多么大的压力。据这篇文章所言，这几所高中过去十年的学生自杀率是全国平均水平的4~5倍。这些学校距离我以前就读的高中只有45分钟的路程。

虽然我非常感激享有过世界一流教育，但是并不希望生活在如此巨大的压力之下。我不喜欢那些吝啬的女生和不断作弊的同学，包括那些成绩优异的同学。我永远不会忘记，那个特别讨厌但却很受欢迎的女孩，去欺负一个性格更为温和的女生，强迫她把完成的微积分作业给她抄袭。我希望自己在那个时候能够内心强大到去揭发这种作弊行为，但是我却选择了保持沉默，因为我清楚地知道同学们和老师都不会喜欢打小报告的学生。

向孩子们传递的信息是一清二楚的：进入一所精英大学是拥有成功且幸福的生活所必不可少的，但你如何实现却并不重要。马德琳·莱文（Madeline Levine）是一位儿童心理学家。她在湾区开展实践工作，对于自己所见到的青少年有着这样的描述：他们会"痛苦地抱怨自己被给予过多的压力，会被误解，会焦虑、愤怒、悲伤和空虚"，《大西洋月刊》发表的那篇文章曾引用了她的这段话。

　　人们常说，父母与孩子们的谈话，会转变为他们内在的声音。在许多美国家庭中，这种内在声音常常与成功相关。诸如必须确保能够取得优异的成绩，要能在课外活动中有着出色的表现。伴随着这种信息的不断重复，高中生竟会被期待成为超级英雄。我依然能够记得十五年前，我们同学之间会相互打量，肆无忌惮地调查哪所学校已经接收了你，哪所学校已经拒绝了你。我被两所大学拒绝了。我只能猜想自己没有达到标准——最直接的想法就是自己还不够好。或许是像我这样的候选者实在太多了。我到现在还是很难写下这段话：那种认为自己完全没有价值的感觉依然笼罩着我。尽管收到了其他三所大学的录取通知，但我还是觉得自己失败了。我有三天都把自己锁在房间里，不愿看到父母脸上的失望。

　　蔡美儿在2011年出版了她的育儿回忆录《虎妈战歌》。这本书成为一本畅销书并且经久不衰是有原因的。虽然她承认书中有些内容是她试图开的一个玩笑，但是许多家长却把这本书当作他们的育儿圣经。他们希望自己的孩子比其他孩子更出色，因为这能够体现出他们作为父母的价值。蔡美儿毫不遮掩地坦露心声，能够引起许多美国家长和英国家长的共鸣。她实现了很多家长希望孩子拥有的人生。她是一位毕业于常春藤盟校的律师，还是一名法学院教授。不仅她是拥有高学术成就的生动典范，而且她的双胞胎女儿才华出众，在成为社会精英的道路上走得很好。

　　然而在荷兰，只要你在一所荷兰文法学校里所取得的平均成绩能够及格，那么你基本上就能够获得大学的入学资格。

你所就读的学校其实并没有很大区别。更重要的是你希望去哪个地方——一个繁华的世界都市（如阿姆斯特丹），还是一个更加安静和田园风格的地方（如格罗宁根）。在这个低地国家，允许你做自己。孩子们在情感层面的幸福和外界认可的成功同样重要。荷兰父母对此早就明白了。

Chapter 6

纪律：边界比惩罚更有效

　　大多数荷兰父母会和子女就基本的行为规则达成一致。通常的建议是要制定明确的规则，但要确保这些规则符合孩子的能力。规则在于提供框架和边界，如果它们被破坏，讨论和说服可能比惩罚更加有效。

　　当孩子们看到"第三者违法"，也就是一个人伤害了其他人时，他们会更倾向于向受害者提供帮助，而不是去惩罚犯罪者。引发孩子天生的同情心，会成为孩子们良好行为的强大驱动力。这就是荷兰父母所采取的温和的、给予理解和包容的教养方式。

米歇尔：并不希望有一个彬彬有礼的法国孩子

　　我们全家在法国南部休假，艾娜的好朋友伊莱亚斯（Elias）和家人也在不远处享受着假期。当孩子在学校里结交了新朋友，而这个孩子的家长恰巧是你喜欢相处的类型，对于家长来说，这是孩子去上学的额外福利。我们开车到了海边，从锡富尔勒普拉日乘坐一小段渡轮，到了一个被称作安比兹的小岛上。在这里，我们和伊莱亚斯一家共同度过了一个闲适的下午。

荷兰育儿法：养育全世界最快乐小孩的秘密

　　大人们把野餐取出来放好，然后躺在沙滩巾上，孩子们则在水边一起嬉戏玩耍。艾娜、伊莱亚斯和妹妹相互追逐着、嬉戏着、叫嚷着，溅起的沙子散落在食物上。伊莱亚斯的父亲托马斯（Thomas）开玩笑地抱怨说，荷兰的孩子总是吵吵嚷嚷，没有规矩。我们禁止他们进入离沙滩巾一米以内的区域，并告诉他们要安静些。他们便沿着海滩活动，开始用一根木棍戳一只死海蛇。接着，他们爬到了一块礁石上面，消失在我们的视野范围里。但从他们传来的阵阵笑声中判断，肯定有非常滑稽有趣的事。我们并没有过去查看孩子们做什么。

　　一对法国夫妇坐在离我们不远的一处浅湾旁。他们有两个孩子。大人在躺椅上休息，孩子们坐在他们前方两三米远的沙滩巾上。孩子们未曾奔跑、跳跃、大喊大叫，只是静静地坐着。当我想着我们的孩子玩得多么开心，托马斯则看着那些孩子，用他的那种有些无聊的口吻说着："我多么希望自己有个法国的孩子啊！"法国家长有举止得体的孩子们，欧洲其他国家的父母对此会多么羡慕，一场与此相关的讨论就此展开。（显然，这正是帕梅拉·德鲁克曼的那本《法国孩子不乱扔食物》一书中的关键卖点。）与此相反，在外国人的印象中，荷兰孩子总在餐厅乱跑、大声喊叫，并打扰到其他顾客就餐。外国人经常觉得荷兰小孩有些粗鲁和不讲礼貌。法国父母比较专制，期望孩子们能像成人一样举止得体。在荷兰，大人们对于孩子行为表现的期待则更加切合实际和更为宽容。荷兰父母往往具有权威，但并不专制。

在荷兰，孩子们在任何地方都受欢迎。这也是孩子们在餐厅里四处乱跑和吵闹的助力因素之一。我对此相当确定。荷兰是一个以儿童为中心的友好型国家，文化是以儿童为中心。咖啡馆和餐厅会有意识地迎合家庭的需要。大多数餐厅和咖啡馆设有游戏区，摆放一些图书、拼图和其他游戏材料。并不是每个人都喜欢孩子们在身边乱窜。事实上，孩子们总在餐厅里疯跑。对此，一些人已经抗议，甚至向议会施加压力，要求开设禁止小孩入内的餐厅，以便用餐者能够在餐厅安静地吃东西。阿姆斯特丹发行的《荷兰国家日报》（Het Parool）刊登过一篇文章，将这个问题描述为"一个非常典型的荷兰现象：人们把孩子带在身边，然后就让他们自己玩"。

到了夏天的时候，我和艾娜一起回了趟伦敦。令我感到惊讶的是，这里有太多地方我无法带她去，尤其是酒吧和餐馆。你不可以不假思索地就走进离你最近的酒吧。你必须费尽周折才能找到一个面向家庭的酒吧。在哈克尼区的梅尔大街（Mare Street）上，艾娜急速地穿过人群。她所迸发出的那份活力，在这个有"大人讲话，小孩别插嘴"观念的国家里，显得如此格格不入。我们在法国度假时也遇到过相似的情况。在一家老式帽子店，艾娜看着这些样式各异的帽子，忍不住大声惊叹，售货员则不满地瞥了她一眼。

在荷兰，孩子们的自发行为是被鼓励的。游戏比安静地服从更重要。荷兰人相信，成人应该鼓励孩子们去自主探索他们周围的世界，并从中学习。孩子们的玩耍可以是吵吵闹闹的，打扰到他人也是允许的。这是法国人不会容忍的。英国人和美国人可能对此也不赞成。在沙滩上的法国孩子似乎并没有玩耍。我很好奇他们在学些什么。他们应该没有调查水母的构造，或是那些散落的鹅卵石的防滑性。他们没有给成人带来任何烦扰，但这样的代价是什么？

当然，在过去，父母会经常教训自己的孩子——在20世纪中叶以前，体罚在荷兰是很常见的，如同其他国家一样。想想那个关于圣尼古拉斯（St Nicholas）的摩尔仆人黑彼得（Black Peter）的传说。在两代人之前，这仍会用来吓唬不听话的孩子：他背着一捆枝条，用来鞭打不听话的孩子；还背着一个麻布袋，用来把"坏小孩"装走带回西班牙。我的婆婆仍能想起这些威胁的话，因为她小时候很挑食，就被这个传说吓唬过。据她的姐姐说，只要她晚上不吃饭，就会被打屁股。原来荷兰人以前对小孩也非常严苛。然后，发生了什么改变呢？

1530年，荷兰哲学家伊拉斯谟（Erasmus）曾写过《论儿童的教养》（*Civilitate morum puerillium libellus*）一书，包含诸多对儿童教育的指导。他曾在一所非常严格的法国大学求学。那所学校使用带有惩罚性的教学方法。对于这种缺乏包容、奉行权威的教育方式，他极为厌恶。他在书中建议，孩子们对于暴力和战争有与生俱来的厌恶，教师应当给予他们呵护和培育。纪律则应该基于鼓励、赞美和羞耻感，而不是去鞭笞孩子。然而在过去，荷兰学校有严苛的教育环境。我的孩子告诉过我，他在学校所了解到的一种历史上可笑的惩罚方式，称作"倒霉的小鸟"（pechvogel）——老师会没收了那个淘气学生手中的毛绒玩具小鸟。有问题的学生不得不把这只小鸟递给老师，同时还会挨上一板子。如今，pechvogel这个词仍被用来形容一个人很不走运。无论如何，荷兰是第一批严禁体罚的国家之一，并在 1820 年宣布体罚是违法行为。

在战后时期，美国育儿专家本杰明·斯波克（Benjamin Spock）对于荷兰的育儿方式有很大的影响。长期以来非常重视童年的荷兰人，欣然接受了他的这种更为宽松的育儿方式，鼓励孩子们享受那份天真无邪，自由自在地活动。

当瑞娜和我一起拜访历史学家艾尔斯·克洛伊克（Els Kloek）时，她谈到以前的父母更为严厉。从前，孩子们不得不站在餐桌旁吃饭，而且不允许讲话。她说，"父亲的话就是律令"。20 世纪 60 年代爆发的青年革命让人们头脑中的一切都发生了转变。突然间，人们开始反对跟独裁有关的一切，追求宽容与解放。相比于英国，主张爱与和平的"花之力量"（Flower Power）运动在荷兰更快地发展。这或许因为这里需要对抗的阶级体制较少。艾尔斯出生于 20 世纪 50 年代。她说她这一代人对独裁式的父母进行了批判，并开始尝试向他们的孩子们提供更多的自由，没有禁止任何事情。他们需要自己去发现界限在何处，危险在哪里。这种放任或许有些过头了。她以一对荒谬的夫妇为例：因为孩子不听他们说话，这对夫妇便带孩子去医院检查听力，而不愿接受他们的孩子就是不听话的简单事实。

如今的这代父母会重新为孩子设定适当的规则、边界和结构。纪律并不是等同于惩罚。对于荷兰父母来说，这是为了让孩子在社会交往中行为适宜。在一个社会等级概念并不强烈的社会中，要服从你的父母或长辈，对荷兰孩子们来说是陌生的。你从法国或亚洲的孩子那里可能会得到一种礼貌性的尊重，但你在荷兰孩子那里却无法得到。荷兰父母期待孩子对长辈友好和乐于助人，但并不要求他们机械地服从长辈。每个人都处于平等的地位。孩子们不可能故意去反抗大人，但他们很有可能会站起来捍卫他们自身的权利。据理力争和学习表达自己的观点，被看作一项有用的生活技能，因而是被鼓励的。

大人要为孩子树立一个好榜样，这样孩子就会去模仿大人，这是荷兰育儿专家给父母的主要建议。荷兰对此有两种常见的说法："把你所宣扬的道理付诸行动，这就是在教育孩子"，以及"老公鸡怎么叫，小公鸡就会怎么学"。专家们还建议父母不要询问孩子要不要这样做，而是要坚定地告诉他："我希望你……"这意味着不要让孩子去做选择，而是要给出明确的方向。管教孩子并不是去强迫你的孩子做某事，或是与他们进行权力的争夺，去监视他们或检查他们的所作所为，抑或去威胁他们，对他们大喊大叫。相反，令人满意的行为应该通过表扬而得以强化，不能接受的行为应该坚定地予以制止。任何处罚都应该与特定情境下的不当行为有关。例如，应该要求孩子修理好损坏的东西，或整理好弄乱的东西。其他推荐的惩罚方式，可以让他们提早上床睡觉，或禁止他们看喜爱的电视节目。

3P 积极育儿法

3P 积极育儿法（Triple "P" Positive Parenting），是由澳大利亚设计的，并得到世界卫生组织支持的基于实证研究的育儿项目，旨在预防儿童社会心理问题发生。荷兰政府对该项目进行了广泛推广。

3P 积极育儿法有五项基本原则：

一、营造一个安全和有吸引力的环境

二、创立一个积极的学习环境

三、管教应当坚定

四、期望要切合实际

五、作为父母，要自我关照

以下是该项目网站上关于坚定式管教（assertive discipline）的描述。这与某些家长认识的可能相反，"管教"不是一个负面的词语。事实上，在一个安全、可靠、可预测的环境中，纪律可以帮助你的孩子学习：接受规则，进行自我控制，在表达自己感受时要考虑别人，并提高对自身行为后果的意识。管教意味着，作为父母，你应当：

◆ 提前做准备

◆ 设置基本规则

◆ 提供清晰且平静的指示

◆ 表扬好的行为

我们从法国度假回来的几个星期后，我去了托马斯和赫伦的家，找他们聊聊纪律这个话题。但是在我们开始谈论之前，我们之间存在一种文化冲突。他们似乎不明白我要问什么。我甚至必须澄清我所指的"纪律"是什么。他们无法将这个词与孩子联系起来，即便荷兰语里有着完全相同的单词，只是发音略有不同。这个词在荷兰语词典中的定义是"服从规定和命令"。赫伦首先联想到的是自律，即先把自己的事情做完，然后再出去玩。要训练孩子服从命令，如果违背，则会受到惩罚。这种观念对于荷兰父母来说，与他们自身的理念相违背。荷兰父母通常会使用教育（opvoeding）这个词，而英国父母则会使用纪律（discipline）一词。这个词背后所暗含的是，父母要通过展示而不是说教，通过解释而不是惩罚，来教导孩子什么是正确的。

从事编剧工作的赫伦，是一个自信且有能力的女人。她告诉我，她教育孩子的过程中，纪律本身似乎并不重要。她认为身为父母的主要任务是确保她的孩子成为一个友善的人。他们应该友好和负责任，这是最重要的，当然她希望孩子们具有区分是非的能力。托马斯是一个橱柜制造商，通常很快会表现出愤怒。他开玩笑地谈论着老套的纪律和温顺、听话的孩子。对他来说，养育孩子是一个旅程。他带着孩子们，并向他们展现生活里的美好事物。"这要给他们提供机会和选择。但是作为一个中间人，我常常会感到困惑。他们并不总会喜欢那些我希望他们喜欢的东西！"然而他并不会试图去强迫他们做某事。该发生的总会发生。赫伦和托马斯会一起找寻平衡。如果他们的孩子星期五待在家里，他们便鼓励他星期六去外面玩。他们承认如何控制屏幕时间是让他们最纠结的问题。他们已经为此设立了一项规则：伊莱亚斯必须先练习吉他，然后才能玩电脑。他们惩罚孩子们的主要方式是撤销孩子们的某项权利，例如禁止伊莱亚斯玩电子设备，或取消妹妹茹比（Ruby）的睡前陪伴。

我通常认为荷兰人不是特别讲究礼节。那些在英国需要讲究的礼节，在这里没有。然而赫伦却提及了礼貌这个话题。"礼貌是重要的，但要出于实际的原因"，她说道，"要能够有助于社会交往。'请'和'谢谢'是必不可少的"。托马斯告诉我，他希望他的孩子们能够在桌子旁端端正正地坐好，正确地使用他们的刀叉。"骑自行车也需要懂礼貌——在人行道上洗车是会妨碍他人的。"

我希望他们能够向我总结一下典型的荷兰育儿方式。

赫伦说："需要用不同的视角来看待问题，权衡利弊。要使用积极的育儿方式。在养育子女的过程中，要尽量避免使用'不'这个词，但我并不完全同意这一点。比如父母会说：'你可不可以不要那样做。'这会引发孩子讲出他那样做的原因，而不是把命令强加给孩子。"托马斯补充道，"父母和孩子之间的冲突是可以避免的。协商以及跟孩子一起讨论每件事，都有助于缓和父母和孩子的冲突……但这的确意味着，作为大人，他们接受批评并不是件轻松的事。但是他们可以慢慢做到。作为孩子，他们做了什么并不重要；他们总会被告知做得好。"赫伦说，"荷兰人往往会说，'我已经尽力了'，即使你没有尽力。荷兰人不善于自我批评。看看我们的足球队！"托马斯补充道，"这就是为什么荷兰足球队总是输给德国人！"

大多数荷兰父母会和子女就基本的行为规则达成一致。通常的建议是要制定明确的规则，但要确保这些规则符合孩子的能力。规则在于提供框架和边界，如果它们被破坏，讨论和说服可能比惩罚更加有效。美国育儿专家伊丽莎白·哈特利-布鲁尔（Elizabeth Hartley-Brewer）在 1991 年出版了《积极育儿》（*Positive Parenting*）一书，对过去数十年的以儿童为中心的宽容型教养方式深表叹息。她写道："摒弃那些严苛的纪律，这是一件正确的事"，但与此同时父母也"抛弃了他们的权威和职责"。像她一样，荷兰人重新发现明确的规则和边界是必要的。如今，父母不再对自己的孩子施加规则，而是要求孩子们负责任地思考该设定何种规则。这两者有着微妙的差别。对荷兰父母而言，承担育儿职责和建立良好的亲子关系都是必需的，但专制主义则不可取。

反对的声音

在夏天的伊始，《为什么？因为我说的算！》（*Why? Because I Said So!*）这本书颇具争议，在荷兰引起一场激烈的辩论。作者鲁埃·韦维尔（Roué Verveer）的父母是苏里南人，非常严格地教养他。他批评荷兰人的育儿方式不够坚定。"不要再去问孩子们是吃菠菜，还是西兰花，要教会他们给什么就吃什么！"他写道。他批评荷兰父母与子女商量得太多，把任何打击都弱化了。这会让他们适应不了现实世界。一位评论家支持韦维尔的观点并辩护道："你的孩子并不是你的朋友。"她同样呼吁父母的手腕要更加强硬——换句话说，就是要用上那些更为老套的纪律。

但荷兰的其他育儿专家则反驳说，孩子们是透过榜样来学习社会和道德行为，而不是通过受罚的威胁来学习。莱顿大学教育家芮安妮·考克（Rianne Kok）的研究表明，相比于专制或惩罚型的教养方式，给孩子解释以及转移或分散他们的注意力等方式，更有助于他们学会控制自己的情绪和行为。惩罚会导致一个孩子产生那些免受惩罚的行为，但并不明白自己究竟做错了什么。

曼彻斯特大学儿童研究中心的最近研究表明，为了让孩子具有较强的公平和正义感，相比于发脾气或惩罚孩子，把游戏作为一种行为策略所产生的效果更好。伊拉斯谟一直是对的。研究结果表明，当孩子们看到"第三者违法"，也就是一个人伤害了其他人时，他们会更倾向于向受害者提供帮助，而不是去惩罚犯罪者。引发孩子天生的同情心，会成为孩子们良好行为的强大驱动力。这就是荷兰父母所采取的温和的、给予理解和包容的教养方式。

荷兰育儿法：养育全世界最快乐小孩的秘密

瑞娜跟小孩的谈判艺术

"朱利叶斯，该睡觉了，"我的丈夫布拉姆命令道。

"再看十分钟，爸爸，就十分钟，"正看着平板电脑的朱利叶斯抬起头回应道。他正全神贯注地看着《怪物就在这本书的最后》（*The Monster at the End of this Book*）。这是一本互动式的跟读书。故事的主角是芝麻街（Sesame Street）里那个可爱的、毛茸茸的提线木偶格罗弗。格罗弗不断恳求读者不要那么做，但小读者偏偏会做出与此相反的行为。那就是这本书的基本预设。在读这本书的过程中，显然朱利叶斯收获了很多快乐。已经是下午6点了，因为冬季的白天很短，外面已经黑透了。马泰奥变得越来越焦躁不安。

"好吧，朱利叶斯，你只能再看十分钟。我要开始倒计时了"，我丈夫说道。我的丈夫颇具战略地给自己留了一个小时的缓冲时间来让朱利叶斯睡觉。我们一起清理厨房，时不时大声喊道："还有八分钟！"，"还剩五分钟！"，"还剩三分钟！"布拉姆跑到朱利叶斯面前，让他明白时间马上就要到了。朱利叶斯刚好在规定的时间里设法看到了这本书的结尾，然后抬头，对自己颇为满意。"爸爸，我好啦！准备睡觉！"

他们手拉着手一起上楼梯。这仅仅是个开始。反反复复的讨价还价还将继续：关于刷牙，关于讲多少页睡前故事，关于要穿什么睡衣，关于什么时候关灯，关于什么时候闭上眼睛。

整个谈判过程可能会令人筋疲力尽。有时候，这会让人十分生气。我很佩服丈夫的耐心。他的声音总能保持冷静和坚定。当我们那个三岁的儿子试图在睡觉前讨价还价时，他总能坚持他的立场。而这对于我来说，却不是那么容易。我们在家里实践那个著名的波德模式（polder model）。这源于治理圩田的古老方式：通过填海开垦而来的低洼土地，很容易被海水淹没。因为只有社区里每个人都齐心协力才能把海水拦截在外，人们便提出了一种搁置分歧，为了共同利益，找到解决方案的办法——也就是要通过协商来达成一致。家里的每一个成员，包括最小的孩子，都有发言权。共识和妥协会营造出一个幸福之家。荷兰小孩将来会成长为荷兰大人，并且在荷兰的工作场合所里，任何人都有权发表自己的看法。

朱利叶斯在三岁的时候，他的语言技能已经足以表达出那些对他而言重要的事情。这个时候我们就该教他如何明确提出解决问题的方案，或让你和对方都可以接受的办法。如何把解决办法合理化，需要学习和练习。这并不容易。我们还要教他如何设定自己的界限。当朱利叶斯挑战我们的权威时，讨价还价，他只不过试图对自己的生活施加所有权，告诉我们什么让他感到舒服或不舒服。他长大以后，无论拒绝屈服于同伴压力，还是在一个可能有些危险的境况里找到应对方法，抑或在工作时需要维护自己的立场，这种谈判技能都是很有用的。

在进行谈判时，我们的确有一套常用的规则。作为父母，很重要的一点是，我们要明确地表达我们的立场，并且要让孩子能够明白。例如，他必须早点上床睡觉——这样你就可以获得充足的休息，才能像那些高大的荷兰人一样强壮。反过来，我们期望我们的儿子也能够提出他自己的理由。他明白我们必须彼此尊重——不可以骂人，不可以无理取闹，也不可以打断对方。而且对他而言，他可以期待我们保持冷静、理智和耐心。一旦达成妥协，我们会按照所达成的规则继续推进。

这种基于谈判的育儿方式并不适合内心脆弱的人。这可能会让你感到筋疲力尽，耐心也会受到考验。有些时候，尝试跟一个小人进行有理有据的谈判的确会让人抓狂，但是我们并没有找到其他更好的方式。固执己见和直率已经成为荷兰人的代名词，但这也正是他们成为世界上最幸福的人群之一的原因。这种能力必须从某个地方开始培养。一个让人感到安全并能够给予生命滋养的家或许就是最合适的地方。

Chapter 7

冒雨骑行：让孩子更加独立与坚毅

跟荷兰孩子童年中的所有事情一样，循序渐进似乎是取得进步的关键。这里的父母很少关注那些发展里程碑，或是孩子需要在特定年龄会做某事的规定。相反，当孩子准备好迈出新的一步，并渴望进行尝试时，父母会留意到孩子的这些信号。骑自行车与如厕训练、游泳相同：由孩子主导而不是父母强迫去做，才会取得进步。

米歇尔：学会对孩子们放手

我沿着自行车道骑着车。这条路从我们家对面的公园通往博文特购物中心。这个建筑外观是个白色畸形大怪物。孩子们的小学就在那个购物中心后面，距离我们家大约一公里。我和赫伦聊着天，并随时留意着艾娜。她骑在我们前面，与赫伦的儿子伊莱亚斯差不多并排。在这个晴朗的夏日早晨，这条宽阔的自行车道上车流不息。虽然各所小学的上学时间是错开的，以避免不同学校的孩子们同时涌上街头，但一所学校的孩子就足以把车道变成一条障碍路线。有些妈妈慢悠悠地骑着体格庞大的载货自行车。一些四五岁的孩子们费劲地踩着脚踏车，在路上晃来晃去。一群年龄稍大些的男孩子则相互追逐着，甚至还会大撒把。荷兰道路平坦并设有自行车道，没有校车且停车场地有限，因而在这里骑车上学是首选方式。将骑车作为主要的出行方式，这种理念很早便植入荷兰人的生活中。通往学校的路上有很棒的自行车道，在紧邻学校的地方设有低速区，学校里有巨大的自行车棚。

八岁的艾娜最近问我，她是否可以自己骑车上学，正如她的哥哥本在过去两年那样。同学伊莱亚斯在过去几个月里都是自己骑车去上学。实际情况是这样的。伊莱亚斯在妈妈和妹妹前面骑着车子，他的妈妈会跟在后面留意着他。他和艾娜已经盘算要一起骑车。对我来说，这似乎是一个很不错的计划。随着孩子们对车技更加自信，我们会让他们在我们前面骑得更远，慢慢地放手，直到他们到了不再需要被监督，可以单独骑车上学的年纪。

荷兰育儿法：养育全世界最快乐小孩的秘密

学习骑车

我还记得我的儿子本在四岁时，他坚持在小学开学第一天骑车上学。他当时穿着一件鲜艳的红色雨衣，背着黄色的帆布背包，骑着仍装有平衡轮的自行车。在这不久后，训练轮就不再需要了。没有什么能比其他孩子独立骑车呼啸而去更能激励一个孩子了。你经常能看到父母把一只手放在孩子的背上或肩上，推着孩子向前骑，耐心地指导着孩子。在其他国家骑自行车时，两个人极少会有身体接触，因为这是违法的，然而你能见到荷兰人做的最浪漫的事情之一（他们并没有做过太多浪漫的事）就是他们在骑车时手牵着手，或是女士紧握着男士的手腕。

荷兰的孩子们似乎一生都在跟自行车打交道。在荷兰，父母骑车带婴儿出行是件非常随意的事，但这在外人看来太过勇敢，甚至有些鲁莽了。从孩子很小的时候，父母就会使用婴儿背带，骑车带着宝宝一起出门处理日常事务。我花了不少时间才克服自己的紧张情绪，鼓足勇气骑车带儿子去参加附近的婴儿游泳课。那时候，小家伙在我胸前晃来晃去，风吹拂着他的头发，他脸上露出灿烂的微笑。

随着孩子们渐渐长大，父母骑车带孩子出门时，需要让孩子坐在安全座椅里（稍大些的婴儿会坐在车前面，学步儿会坐在车后面），或者让孩子坐在无比舒适的巴克菲斯（bakfiets）^① 车里。当本三岁，艾娜还是个小婴儿的时候，我们打算买一辆更加牢固但也比较笨重的三轮车，或是一辆操作更为灵活的两轮车，犹豫

---

① 巴克菲斯是荷兰知名的自行车品牌，车型特点是有一个坚固的木箱在驾驶员前面并且提供了三点式安全带。——译者注

再三之后，我们买了一辆相当昂贵的两轮巴克菲斯车。我的丈夫有时候对待奢侈品的态度，完全与荷兰人不同（我把这怪罪于他的外国基因：他有一半的匈牙利血统，还有四分之一的德国血统），他挑选了顶级配置且非常时尚的天蓝色款式。

我们的这辆新的载货自行车很沉很宽，骑着它还是需要一些勇气。但是经过几周时间，我便能够效仿那些身材高大的荷兰母亲，带着孩子们和采购回来的一整周的日用品，泰然自若地骑着这辆沉重的自行车。这需要不断练习，还需要钢铁般的大腿，尤其是通过拱桥的时候，但最终还是做到了。骑行过程中有些笨重，不过在铺设了良好自行车道路的地方，载货自行车仍是非常实用的交通工具。

那辆超大容量的自行车就停在我们家前院的篱笆旁，国外的游客经常拿它开玩笑。当我的孩子们实在太重，我无法再骑着那辆巴克菲斯带他们时（当我转弯时，车子会翻向一边并且会被卡住，我没有足够的力气把它撑住），便把它卖掉了，然后购买了一辆亲子双人自行车。巴克菲斯车是相当宽的，而双人自行车只不过有些长。在阿姆斯特丹市中心那些拥挤且狭窄的街上，双人自行车会更适合在汽车、电车和游客之间穿行。

荷兰自行车联盟在推广骑车出行，因为"它会促进你的健康，还会给你快乐"。在荷兰，儿童的肥胖率要远低于其他第一世界的国家，骑自行车肯定功不可没。运动会促进内啡肽的释放，从而给你带来愉悦感，这已经成为共识。乌特勒支大学的研究人员发现，骑车的比不骑车的人更加长寿。研究人员声称，骑车使预期寿命平均增加六个月。在荷兰普通工作日里，大约有 500 万人骑车，有年幼的孩子，还有年迈的老人；一天总计骑车出行的次数会超过 1400 万。荷兰的自行车数量比人口数量还要多出一百万。那个设在火车站旁的经常出镜的大型自行车停车场确实非常大。即便如此，很多时候也很难找到一个空位来停放自行车。在上下班高峰期，自行车道经常出现交通拥堵。

皮特·乔丹（Pete Jordan）的《自行车之城》（*In the city of Bikes*）是一本记载荷兰自行车历史的珍贵宝藏（这本书同时呈现了阿姆斯特丹精彩的社会历史）。当第一次来到荷兰时，皮特做出了一个外国人的典型行为——无意中站在了自行车道上，并与一位骑车的人相撞了。出于喜爱阿姆斯特丹自行车文化，皮特搬到了这里。不同年龄、不同身份的人们都骑着摇摇晃晃的自行车出行。他被自己所看到的一切深深吸引，从而展开了自己的调查研究。他很快便意识到，荷兰人借助自行车运送各类物品是多么常见的事情：从沉重的手提箱到家具，再到大型盆栽植物，甚至还有令人惊讶的熨衣板。

从历史上看，荷兰人一直善于骑车时携带重物。在 1917 年，荷兰成立了军用自行车"游行乐队"。士兵们一边骑车，一边演奏着铜管乐器。荷兰军队至今仍有一支骑自行车的狂欢乐队。

让别人坐在自行车后面，是荷兰孩子经常玩的游戏。骑车带人在荷兰是常见的，而这在其他许多欧洲国家则是违法的。在英国，自行车只有符合要求才能够载人，需要配有儿童坐骑，或是双人自行车。孩子们坐在自行车上的经历，有助于他们从小就建立至关重要的交通安全意识。当孩子们得到属于自己的自行车时，他们对于骑车的平衡、速度以及周边来往车辆频繁的情况，都已经比较熟悉了。跟荷兰孩子童年中的所有事情一样，循序渐进似乎是取得进步的关键。这里的父母很少关注那些发展里程碑，或是孩子需要在特定年龄会做某事的规定。相反，当孩子准备好迈出新的一步，并渴望进行尝试时，父母会留意到孩子的这些信号。骑自行车与如厕训练、游泳相同：由孩子主导而不是父母强迫去做，才会取得进步。

瑞娜骑车

在美国，骑自行车被认为主要是孩子做的事，成人骑车大部分是为了运动，或者仅在少数亚文化圈子里流行。骑自行车体现了一种生活方式。"这看起来很幼稚"，我的朋友米歇尔，一位前来拜访我们的旧金山本地人，如此地评论道。"看看那个穿着时髦的灰色西装和抛光的棕色鞋子的男人。他看起来像一位绅士。但骑在自行车上，他让我想起了那些骑车的小孩。"然而在这个低地国家，这就是每个人出行的方式。大家都会选择骑自行车。由于平坦的地形和自行车道的铺设，骑车是最好、最实用和最有效的出行方式。

至今为止，我还没有拿取荷兰驾照。骑着车子就很容易到达每一个地方，我不需要开车。这也是我忙里偷闲进行锻炼的绝佳方式。在荷兰，我当然是一位自豪的巴克菲斯妈妈（bakfiets moeder）。这就像是一位有着小型货车的美国妈妈。

在我儿子一岁生日时，我们按照荷兰人的方式，送给他一辆叉骨（Wishbone）自行车。最初作为三轮车使用，之后可以调整为两轮车。对于荷兰人而言，自行车几乎是他们身体的一个延伸。在朱利叶斯勉强会走路的时候，我们便让他熟悉一辆自行车。这似乎是自然而然的事情。骑着自己的自行车到处走动。这给他带来了极大的独立和自信。

骑车培养坚毅品格

就连荷兰人也会把他们的国家称为"阴冷的老青蛙地"
（chilly old Frog-land）。每年九月至来年一月，这里多半会下雨，
时常还会倾盆暴雨。二月和六月也通常十分潮湿。冬季平均气
温在 2~6 摄氏度，还伴有强风。尽管风雨往往会使骑车出行的
人们感到很不舒服，但荷兰人穿上温暖的衣服、防水的厚夹
克和裤子以及雨靴，然后便勇敢地面对全年的各类天气。无
论在小雪还是暴雪的天气里，我的丈夫总会坚持让我们骑行。
他告诉我，我能够掌握在这种天气骑行的窍门。我最终做到
了。你必须允许一定程度的空转和滑行。如果你的车有类似
山地车的变速装置，最好使用低速挡。也就是说，大多数荷
兰自行车并没有变速齿轮，仍使用陈旧的后刹车系统，所以它
们不太适合在冰雪路面上骑行。载货自行车装有变速齿轮，在
这种天气条件下，这种车会更好骑，因为它们的重量能够提供
更多的抓地力。

在各种气候条件下骑车，着实是一份能够磨炼品格的经历。
我住在这儿的最初几年里，如此痴迷于逆风骑行。这不仅是一种
精神上的抗争，还是一场身体上的搏斗。那些学会在任何天气中
骑行的孩子们，培养了坚毅的品格。他们懂得，生活并不总是阳
光明媚和充满美好。他们还要学会面对风雨，学会不轻言放弃。
我认为虎妈蔡美儿坚持让她的孩子们每天都要练习几个小时的乐
器，也是为了让孩子们学到这份坚毅。无论天气情况如何，孩子
们都要骑车去学校。这可以锻炼他们的复原力，而复原力和幸福
之间有明确的联系。巴塞罗那大学的研究人员发现，具有复原力
的人更有可能拥有较高的生活满意度并且能更好地控制情绪。

我已经不止一次地把我那些湿透的孩子们领回家里，帮他们脱去衣服，让他们洗个热水澡。这并不是一个选择，而仅仅是你要做的事。他们不过是开始并继续这么做。我读到的一本荷兰育儿书中这样写道，当孩子们背着沉重的书包，冒着风雨，艰难地骑车上学时，你不需要对你的孩子感到愧疚。反过来想想，这会让他们多么富有责任感与独立性。这位作者还建议，如果你的孩子忘记带午餐，你不应该给他们送过去，而且绝不要开车送他们上学。

安全方面的担忧

荷兰是一个疯狂热爱骑行的国度。在这里，骑车很安全。英美两国的父母往往开车送上小学的孩子们去学校，因为他们觉得这比让他们骑车或步行更安全。从这个角度来看，英美两国似乎是出于对安全问题的担忧，从而限制了自行车的使用。一位荷兰朋友安妮（Anne）几年前搬到了伦敦，分享了她的经历。

> 我的孩子在这里比在阿姆斯特丹拥有更少的自由。很不幸的是，让他们自己在路上骑车实在太危险了。这里的危险不是由于车流量大，而是司机们不习惯周围有人骑车，另外还缺少自行车专用道。在荷兰，几乎每位司机也是一位骑行者，他们了解骑车人的想法。
>
> 我会和孩子们一起骑自行车上路，但这总会让我感到十分紧张。我要求他们佩戴骑行头盔。当他们问我为什么在荷兰不需要戴，我会告诉他们："如果他们在这里不戴，我就会被妈咪警察（Mummy Police）逮捕。"我自己没有佩戴头盔，有些人会为此对我大发脾气。

在澳大利亚、新西兰和美国的某些州，佩戴骑行头盔是强制性的。在英国，推荐大家骑车佩戴头盔。大多数人会采纳此建议。所以当我第一次搬到荷兰时，我把骑行头盔、荧光黄的骑行夹克、反光片和防污染面罩都带了过来。在前几次骑车时，我还穿着它们，但很快就感到十分难为情。在安全的自行车道上骑着车，我简直像是个笑柄。我后来还让孩子们佩戴头盔，但其他荷兰父母劝说我，孩子们在没有防护的情况下，他们会更加小心。我最终放宽了要求。

骑行头盔在荷兰并不是强制佩戴的。其中一个原因是，人们发现不戴头盔的骑行者在骑行途中往往更加谨慎。另外有观点认为，如果出台强制佩戴头盔的法律，这将会妨碍人们骑车出行，导致骑车人数的减少（如同在丹麦发生的那样）。此外，荷兰国家自行车联盟声称，国外的研究表明，骑行者佩戴头盔时头部受伤的数量并没有减少。骑行途中大多数伤害，通常是由于被汽车撞倒而造成不同程度地受伤，或是由于骑行时速超过 20 公里后造成的（只有当最高时速低于该速度时，骑行头盔才能够发挥保护骑行者免受头部伤害的作用）。

从统计数字上看，荷兰人溺水死亡比骑车死亡多。这或许就是荷兰人在水域附近比在车流中更加谨慎的原因。一位从英国移居的朋友伊莫金（Imogen），听说我们正在写这本书，立刻问我是否要写荷兰人多么"缺乏安全意识"。与英国和美国不同，这里并没有健康和安全方面的警务监督。人们骑车穿行在车流中，还会携带着各种各样平衡摆放的物品。只需要看到他们骑车的方式，你就会清楚明白。相对而言，在荷兰骑车是比较安全的。这当然要归功于令人吃惊的自行车道路网络。但是你有时候的确看到在未安装儿童座椅的自行车上，有些父母带着不止一个小孩子，就像一个巡回马戏团。他们对待风险的心态更为放松。如果你来自一个安全意识更高的国家，还有其他一些事情会震撼到你。至今仍令我感到害怕的是，荷兰人新年前夕会在街道上放烟火，以及大家都在户外游泳并不担心感染威尔病（这是一种由老鼠传播的水源细菌性疾病）。

幸运的是，根据开展交通安全研究的机构统计，幼儿在骑车途中死亡的人数是极其少的。自20世纪50年代以来，由于政府创设了更为安全的自行车道和骑行线路，死亡率大幅下降。1978年发起了"停止谋杀儿童"的游说，旨在为儿童提供更加安全的骑行条件，并在阿姆斯特丹举行了示威游行活动，共有15000名骑行者参与。大约在同一时期，诸如反对主流文化的青年无政府主义者（Provos）和国家骑行者联盟等团队，呼吁要提供更好的骑行条件。终于铺设了单独的自行车道，建造了横跨多条运河的自行车桥，并引进了自行车储物架。国家开始限制城镇的机动车流量。到了20世纪90年代中期，基础设施得到了显著改善，阿姆斯特丹的骑行人数增加了29%，机动车数量下降了24%。

荷兰的骑行历史起起伏伏，但骑行者总是不断获得胜利。自行车是其他国家发明的，荷兰人发明的唯一部分只有挡泥板，但是在创设有利于自行车骑行的公共设施方面，荷兰则处于世界领先地位。早在1885年，乌特勒支的马利兰便建造了第一条自行车道。尽管骑车开始只是一项休闲活动，但是在20世纪30年代的萧条时期，廉价和实用的自行车成为了荷兰人的常规交通工具。

相比之下，英国只有8%左右的人骑车，只有2%的5~10岁儿童骑车，只有3%的11~15岁儿童骑车去上学。近些年来，伦敦试图让自己变得对骑行者更具吸引力，已经推出了诸如"骑行快速道"的新计划。我在伦敦的一些老朋友十分热爱骑车，其他一些人也一直尝试着与孩子们一起骑车上学。然而，英国的自行车道通常与机动车分离不足，在很多地方，自行车都可以窜到主干道上。致命的交通事故仍是头条新闻。希望随着越来越多的人选择骑车，开车的人会越来越少，骑车出行能够成为主流，那时孩子们在街上骑车也会变得十分安全。但是那似乎还有很长的路要走。在这方面，英国已向荷兰学到很多。

走向独立

　　我和赫伦跟在艾娜和伊莱亚斯的后面骑着车，交换意见。赫伦告诉我，上个星期放学后，她让伊莱亚斯自己去了玩具店。大约一个小时过去了，她感到有些担心，便决定出门去找他。恰巧就在那个时候，伊莱亚斯自己回到了家。他的确花了些时间，但非常出色地完成了第一次独自旅行。赫伦对我说，她发现放手的过程多少有一些紧张和压力。我完全赞同她的看法。然而让孩子成长为自力更生的年轻人，教会他独立是至关重要的。这也能够减轻家长的负担：如果你不必接送孩子上下学，不必让孩子参加各种各样的俱乐部和课外活动，就不太会成为一个花时少、压力大、负担重的家长。你将更快乐、更放松，在孩子们需要时，给予他们更多的关注。

　　此时此刻，我们丝毫没有办法来避免孩子在骑车时发生事故，因为我们离得太远了，根本无法及时介入。但我们也足够近，能很快赶到现场。这可以让孩子们发展自身应对风险的反应能力，而不只是一味地跟随大人。这再次折射出那些荷兰育儿书籍中的建议，学会放下你的焦虑，允许孩子们自己去犯错误。如果无法获得真实的体验，孩子将永远无法独自应对骑行途中所遇到的困难。让孩子们获取大多数"街头智慧"的方式同样如此。允许你的孩子来处理潜在的危险情况，然后他们将逐渐学会如何评估风险，以及如何规避危险。

当荷兰儿童到了要上中学的时候，尽管中学通常比小学离家更远，但他们已经习惯了骑车穿梭在车流量或大或小的自行车道上。大多数小学在最后一两年的时间里，会开展针对孩子们骑车熟练性的培训项目。这样当孩子们开始更远距离地骑行时，他们已接受过如何应对交通状况的训练。他们还会进行理论测试，需要了解所有的交通规则和标志。此外，学校还会举办由荷兰交通协会（ANWB）赞助的自行车日，孩子们在那天都会把车骑到学校里，工作人员会为孩子们检查车辆的刹车、灯光、反射镜等，并授予合格证书。参与志愿服务的家长会协助修理那些需要维修的自行车。

更远的骑行——去中学

与赫伦一同骑行几个月后，本开始了他的中学生活。他上了第一志愿中学——那所专注于电影和戏剧研究的现代文科中学。从我们家骑自行车到学校大约有半小时的车程，而且他还需要乘坐渡轮渡过伊日河。有趣的是，本的新学校开学的日子，恰好与现任国王威廉·亚历山大（Willem Alexander）的长女阿马利娅（Amalia）公主所在学校的开学日是同一天。当本骑着自行车，穿着牛仔裤和连帽衫，背着沉甸甸的书包去学校时，新闻里正播放着公主阿玛莉亚的视频短片。她同样是在没有大人陪伴的情况下，骑着她的巴塔沃斯自行车出发了，也穿着牛仔裤和连帽衫。她看起来和其他即将升入中学的荷兰儿童一样。我担心，但肯定不会比国王和王后更担心他们的女儿。

皇室骑车在荷兰是经常可见到的。威廉明娜（Wilhelmina）女王在20世纪30年代时，曾在荷兰海牙骑车；当皇室家族在第二次世界大战期间流亡到伦敦时，她也曾在那里骑车。当她战后回到荷兰时，她曾骑着她的自行车在这个国家四处寻访，对战后重建期间人民的需求进行了解。她的女儿朱莉安娜（Juliana）也曾这样做，如果你用谷歌搜索关键词"威廉·亚历山大＋自行车"（Willem Alexander＋bike），会出现他和妻子、孩子们一起骑车的公开照片。在有些照片中你能看到，他骑着一辆载货式自行车，车里坐着他的金发碧眼、面带微笑的孩子们。很显然，对于荷兰人来说，自行车不是穷人的代步工具，而是最好的交通工具。

◆

在本开学后的第二周，他的在线课表里出现了一个名为 ACT 的神秘课程。我非常惊喜地发现，这是有关学校周边道路安全的第一期特别课程。根据孩子们骑车来学校的方向，孩子们被分在不同的小组。然后他们在一张地图上标出他们上学途中任何有危险的交叉路口或障碍物，把这些地方拍摄下来，并讨论如何安全骑行。汇总孩子们的建议，然后寄给当地的管理委员会。这让他们对上学途中的危险点更加警觉，并学会了提前主动应对。这种做法简直太棒了。

由于本将要朝着相反的方向骑车上学，艾娜又开始嚷着要自己骑车。我建议她要经常与伊莱亚斯一起骑车，或是和相同路线的同学一起。在周末，她想要骑车到一个朋友家里，但是并不完全认识路。"妈妈，你为什么不让我在前面骑？"她提议道，"如果我骑错了路，你可以告诉我"。我骑车跟在她后面，半路上提醒她在左转弯时，一定要查看后方的车辆情况，这是"保命的诀窍"。当我们到达她的朋友所住的地方时，主干道由于建筑施工而被封锁了。她先左转再右转，自然而然地绕过了障碍物，从路对面到达了朋友家所在的街道。在她这个年龄的时候，当不得不设计出一条可供选择的路线，我会非常慌张，但她处理得非常完美。

如何举着伞骑车

1. 练习单手骑车，尤其是通过弯道、交叉路口和拱桥时。

2. 买一把非常坚固的防风雨伞。

3. 在大风天，撑着伞步行。如同蛇一般转动你的手腕，从而确保伞不会像风帆那样兜住风。

4. 重复上述训练，但要在你骑车时。

5. 重复上述训练，但要在暴雨中骑行。

6. 重复上述训练，但同时要带着你的宝宝、一块熨衣板和一个盆栽。

Chapter 8
童年：自由玩耍才是最好的学习

　　"并不存在所谓的坏天气，只有糟糕的衣服"，荷兰父母总是这样说。他们镇定自若，无比坚强，为一切天气都做好了准备。大人希望孩子们也要如此。孩子们在家庭中被赋予平等的地位，在小时候就被教导要自立，要负起责任。让孩子们在户外玩耍且不被监督，是父母们教导孩子们走向独立自主、坚强乐观的必经之道。

　　那些最幸福和成功的孩子们，父母会允许他们在自己喜欢的地方玩耍，并且尊重他们的自主性，而当他们有需要时，父母会随时给予关注和回应。

米歇尔：父母不会因为让孩子在外玩耍而被捕

> 因让四岁的儿子独自在外玩耍，母亲面临监禁——
> 一位母亲让儿子单独在设有的门禁社区里玩耍，而这里
> 距离她的公寓120英尺远。邻居举报这个行为后，这位
> 母亲被拘留。
>
> ——《独立报》(*Independent*)，2015年12月3日
>
> 来自特鲁罗北部的消息——根据奥尔良地方法院的
> 记录，两位来自纽约州尼亚加拉瀑布城的居民，被指控
> 在8月份，把两个7岁和9岁的孩子单独留在一处公共
> 沙滩上大约一个小时，为此他们将于11月份被起诉。
>
> ——《鳕鱼角时报》(*Cape Cod Times*)，2015年10月29日

也许你很熟悉老彼得·布勒哲尔（Pieter Brueghel the Elder）所画的《孩子们的游戏》这幅画。它描绘了一个街角，整幅画共有二百余人，散布着几十个正在做游戏的孩子们。画中的房子看起来非常坚固，但街道却是由泥土压实，并且地面上没有鹅卵石。你能看到孩子们的各式玩具：高跷、玩具木马、布娃娃、抓子、滚铁环用的铁环和铁条，以及他们所玩的游戏：跳山羊、摸瞎子、捉迷藏。有的孩子爬树，有的做手倒立，有的爬到屋子后面的一堆沙土上。几个小女孩快速地转着圈圈，好让她们的裙子飞舞起来。从这幅画里，已经辨认出八十多种不同的游戏。但我在这幅画里，并没有看到父母的身影。难道是在画面中最显眼的地方骑着木桶的青年人或成年人吗？似乎不是。只有一个女人，往那些挤作一团的孩子们身上扔去一个蓝色的斗篷，但看起来她也参与了游戏。

布勒哲尔发现，游戏对于孩子们来说，正如工作之于成人，是无比重要且颇具吸引力的。在十六世纪，关于游戏重要性的讨论持续升温。以伊拉斯谟为首的人本主义学者，极力鼓励孩子们全年都要进行户外游戏，在外面玩并且不受成人监督。对孩子们也会提出一些限制：不得在教堂或墓地玩耍，不得在街上大声喧哗。除此之外，在他们的自由时间里，他们可以自由自在地玩耍。

那些曾在十七至十八世纪到访过这个国家的外国人，对于荷兰父母给予孩子们的关心和重视程度，感到非常惊讶。瑞士自然主义学者、生理学家艾伯特·哈勒（Albert Haller）在1723年曾造访了位于荷兰西部的莱顿市，写道："这里的青少年都被宠坏了。"他认为这里的孩子们粗鲁无礼；他们被给予太多的自由，对长辈们总是嬉皮笑脸。如今来到荷兰的游客很可能会说出相似的话。在一个公园或游乐场所见到的典型场景，仍然会让人不禁联想到布勒哲尔在那幅画里所描绘的混乱图景。

在我所居住的那排半独立式排屋前，有着一条宽敞的人行道，道路上摆放着各种款式的庭院家具、沙坑、儿童戏水池，以及停放在此的自行车。这实在是一条障碍路线。在此居住的大部分是年轻家庭。想要在这条路上散散步几乎是不可能的。在夏天，我的邻居们很可能将整个客厅都搬到街上。他们不假思索地把家里的沙发、餐桌和扶手椅都搬出来，以便能充分享用这稀少且珍贵的阳光。我甚至看到过带着有线电视线的茶几，电视线是从窗户里扯出来的。几个小孩子玩一大堆玩具：粉笔、水上玩具、三轮车、娃娃和小汽车。他们的妈妈可能坐在外面聊天、喝咖啡，或者喂宝宝吃奶。或许你根本看不到她们，她们会在屋里忙着她们手头的事情。

我们屋前的这条路顺着一个大型景观公园延伸着。诺德公园形成了一条贯穿整个居民区的垂直带，并将运河的西岸和东岸联结起来。我们这排房屋就建在运河边的堤岸上。当你从街上看，你会觉得这些房子似乎有两层，但是一旦你走进来，你就会发现楼梯是通向地下室的，在那里你会看到屋子的后花园。这就是典型的荷兰房屋——从外面看上去并不起眼，但当你走进来后，你会发现屋子突然间开阔了，就如同《神秘博士》的蓝色岗亭^①一般。由于土地稀缺，屋舍的后花园通常很小。一些家庭会将后花园作为储存空间，其余家庭则会把这里当作让父母们寻得平和安静的去处。我不禁想到，或许因为后花园的面积不大，才会让人们在房屋前创设公共娱乐区，并在城市里建造游乐场。

在阿姆斯特丹，几乎每个街角设有小型游乐场。这个城市总共建有1300多个游乐场。第一个建于1880年。在第二次世界大战后，荷兰的更多城市开始增设游乐场。随后，随着道路上汽车数量的增加，致使儿童无法安全地在户外玩耍。受到城市现代主义的启发，建筑师奥尔多·梵·艾克（Aldo van Eyck）共设计了860个儿童游乐场。一个金属圆顶的攀岩架以及双杠、滑梯、跳跳马，是一个游乐场的标准配套。我们家旁边的街角处便设有一个儿童游乐场。如今的趋势是建立更多的自然探险式游乐场。那里会有数个树桩、木制攀岩区和沙水区等。这背后的理念是，孩子们应当被允许把自己搞得脏兮兮的。我们家旁边的公园就是一个完美的例证。那里到处是泥巴。由于经常发大水，所有游乐设施都淹没在齐膝深的水中，那里常常变成一个水上乐园。

回到我所住的街区，情况同样如此。小宝宝们在人行道上爬

---

① 英国科幻电视剧《神秘博士》中的一个虚构时间机器和航天器。——译者注

来爬去。学步儿在屋子前的空地上闹腾。四五岁的孩子们穿过马路，去对面的公园里玩耍。在那里，他们爬上一棵歪歪扭扭的树。我的儿子有几次还从上面掉了下来。他可不是唯一一个从那棵树上摔下来的孩子。这么多年来，那棵树一直都是全街区小朋友们心目中的最爱。没有人会想到要用栅栏把它围起来，或是在树下铺上一层防护性的橡胶垫。那里还有一个儿童戏水池（配有一位监管员）、一片大草地和一个沙坑。这是一个很少见到父母身影的公园。但通常这里会有许多孩子。这个公园如何做到的呢？

户外游戏仍是荷兰人童年生活里极为平常的部分，就像布勒哲尔那幅画一样。在任何天气情况下都要外出，是荷兰人性格中的一部分。孩子们会在下雨天愉快地在外面玩耍。体育活动极少会因为天气不好而被取消。艾娜每周两次的足球训练仅有一次没有如期进行，那是因为球场有被雷电击中的危险。遇到潮湿的天气，荷兰人会穿上防寒上衣。如果穿着漂亮的衣服出门，他们会用一只手骑车，另一只手撑伞。"并不存在所谓的坏天气，只有糟糕的衣服"，荷兰父母总是这样说。他们镇定自若，无比坚强，为一切天气都做好了准备。大人希望孩子们也要如此。孩子们在家庭中被赋予平等的地位，在小时候就被教导要自立，要负起责任。让孩子们在户外玩耍且不被监督，是父母们教导孩子们走向独立自主、坚强乐观的必经之道。

荷兰的文化里有一个理想中的孩子形象。这个孩子在户外快乐地玩耍着，脸蛋红扑扑的，金色的头发有些凌乱。那些喜欢宅在家里，对媒体节目极为上瘾的孩子们，自由自在的户外活动被视为最好的解药。荷兰人相信，孩子们每天都需要出去跑跑，就像小狗一样。我的两个孩子从六岁就开始独自在公园里玩耍，但是我们邻居的孩子在更小的时候就开始了。当我开始查找荷兰父母在书中给出的相关建议时，《如果我们重新开始养孩子》这本书多次出现在我的视野中。它大致讲述了一种稳健的育儿方式，具有一定的规则和纪律，但也有不被监督的玩耍空间。

当一个孩子快要四岁了，他就到了能够"在外面"玩耍的年纪，而"在外面"不只是意味着待在花园里，而是要在广场上，在街道上，在攀爬架旁的沙坑里，在房前屋后的巷子里……完全只身一人，脱离妈妈的视线。

瑞娜的放养式育儿

自从去年夏天搬进乡间小屋的那天开始，我们便迎来了一个更为自由放养的育儿之旅。小屋四周被花园环绕着，花园里有一张蹦床、一个沙箱，有可以用来玩捉迷藏的树木和灌木丛，还有可以在上面打滚的大片草地。花园的四周被篱笆环绕着。我们根本不用担心他不感兴趣。他会目不转睛地望着那些经过我们家的孩子。有些孩子只有五岁大，同样骑着车在街上玩耍，没有大人监督。检查并确保朱利叶斯一个人在门前的花园里是安全且无忧无虑的，我们便把他单独留在那里，去协助搬家公司拆包，以便尽快安顿好新家。每隔十分钟左右，我和布拉姆轮流去检查下他的情况。朱利叶斯可以自由进出房间，完全沉浸在自由的世界里。在美国或英国，如果某个邻居决定举报我们，我们很有可能会因为触犯法律而招来麻烦。这些天，朱利叶斯单独在花园里玩了很久。

具有讽刺意味的是，当下许多美国父母享受了无拘无束的童年，可以自由自在地骑着自行车，可以在公园里、街道上和树林里自由自在地玩耍，并没有家长在他们周围监督着。美国前总统奥巴马（Obama）签署了一项联邦法令，这项法令规定在得到父母许可的情况下，孩子们可以单独步行、骑车或乘公交车去上学。允许孩子用符合年龄特点并且安全、可信赖的交通方式上下学，父母因此受到的民事或刑事指控不成立。但是这项法令并不能阻止各州或地方法律发生效力，所以美国联邦的五十个州中的任何一个都仍有可能将父母的这种行为判定为违法行为。这就意味着，如果你的爱管闲事的邻居认为你的孩子年纪尚小，在无人监护的情况下不应该自己步行上学，那么他们仍然可以向警察局或儿童保护机构进行举报。这有可能导致你的孩子从你身边被带走，并向你提起可能导致逮捕你的刑事诉讼。这种事情绝对不会发生在荷兰。

在没有父母监督的情况下，让孩子与其他小朋友在一起嬉戏打闹，有助于孩子的社会性发展。他们将学会与人争辩和靠自己解决问题。父母产生焦虑，或在孩子周围左右徘徊，或不断确认孩子的情况，这些行为都可能对孩子产生负面影响，使他们变得紧张和谨小慎微。家长最好在孩子出门前要求他们坚持严格计时。不知不觉中，我便是这样做的。当孩子们单独去公园探险时，我会把厨房计时器设置为 45 分钟，因为我觉得指望他们留意时间实在靠不住。标准的建议是，家长起初要对孩子们保持谨慎，但不要去干涉他们。我会透过我们家的飘窗来观察孩子们。

研究表明，让孩子们在外面一起玩耍是具有社会效益的。阿姆斯特丹大学的城市地理学家莉娅·卡斯滕（Lia Karsten）发现，在城市，"如果孩子从一个地方到另一个地方，都是由父母开车或骑车密切陪伴着，这会导致'社交贫乏'。这就意味着，这些孩子将没有机会在街上与来自其他社会阶层的孩子们交往。在农村里，社交仍有可能。农民的孩子会和医生的孩子在村子里的广场上一起玩"。我所认识的大部分思想解放的荷兰父母，赞成让自己的孩子与来自不同社会和种族背景的孩子交往。

　　荷兰父母认为，家长应当给孩子四处游荡的自由，即使这意味着孩子们可能会摔跤，甚至让自己受伤。这就是鲁特·维恩霍文教授所说的"独立训练"。他向我和瑞娜解释哪些事情让荷兰孩子很快乐。他告诉我们，试图剥夺孩子们的权利或给予孩子过多保护，是错误的。他们必须学会跌倒后，再重新爬起来。"如果他们永远不曾跌倒，他们就永远无法学会躲闪"，他补充道。让他们感到无聊也很重要，不然怎么让孩子学会自我发挥呢？父母的一项工作就是不要不断地取悦孩子。孩子需要找到让自己忙起来的方式，发现娱乐活动。这将会激发他们的创造力和聪明才智。如果不曾这样学习过，他们就会像我的伦敦朋友塞尔玛的儿子那样：待在一个充满玩具和小朋友的房子里，但半个小时后就感到无聊了。

在英国玩耍

　　暑假期间，我带艾娜回到了伦敦。有一天，我约上读大学时的好朋友维琪（Vicky）和她的两个孩子。我们一起出来玩。她的儿子莱利（Riley）和艾娜立马就打成一片。当我们坐在汉普特斯西斯公园的游乐场边看孩子们踢球时，我们讨论了英国和荷兰之间的差异。在这里，我注意到游乐场里有许多家长徘徊在他们的孩子身边，或是和他们一起玩。[1] 跟我一样，维琪觉得有的英国孩子被给予的自由太少。"莱利极度渴望独立"，她谈道，"他在

----

　　[1] 在这个星期的晚些时候，当我和朋友保罗（Paul），以及他的小女儿一起逛维多利亚公园时，我看到了同样的场景，保罗还评论道："你不能让他们脱离你的视线。"

这方面真的困惑。他是一个能够非常清楚表达自身感受的七岁孩子，感到自己被束缚了。'我为什么不能自己出去？'他会问道。'你知道他在哪，他也知道你在哪……'但是我不能让他一个人出去，在这里是不可以这样的，尽管我愿意信任他。"

她还告诉我，最近有次开车的时候，不得不停下车上厕所。"我把孩子们锁在车里，请站在旁边的一位男士帮忙留意下他们，但我仍觉得自己的行为可能是违法的。"

几位搬来伦敦居住的荷兰朋友告诉我，他们允许孩子们自由行动，让他们学习为自己的行为负责，但当地人对此并不接受。"我们的一个孩子已经八岁了，当她独自一人回家的时候，在街上经常会被拦下来。'你的爸爸妈妈在哪里？出了什么事吗？'这向孩子传递的信号会是什么？"一位从事新闻工作并有三个孩子的父亲对我说。他的妻子、我的朋友安妮也对这种情况很不满意。

"我们的一个孩子已经 11 岁了，我们已经让她步行上下学有一年多了"，她说道。"虽然朋友们会祝贺我们有一个独立的女儿，但是你能够看到他们脸上流露出的惊愕与担心。有些家长说，他们能够理解我们为什么会允许女儿自己走路上学，那是因为她'非常懂事'。但是我们当然可以允许她自己出门，因为我们已经给予她尝试的机会和空间。当她第一次自己出门散步时，并不是因为单独一人而感到害怕，而是那些大人不断叨扰她，问她为什么是自己一个人，告诉她这里有很多可怕的'坏人'和'危险的陌生人'。"

无限的自由

当我回到家时，我碰巧看到一期对达米亚·丹尼斯（Damiaan Denys）的电视访谈。他是在阿姆斯特丹工作的比利时哲学家和精神病学家。他谈到最初吸引他来到荷兰的事情："我留恋一切开阔无边的水面，被这全然的自由所深深打动……荷兰人教他们的孩子游泳，而不是把危险阻拦在外。"这是一个很好的比喻。尽管人们拥有无限的自由，但社会通常会施加越来越多的保护，他警告说："如今我们希望借助规则和法令来消除所有的危险，无法克服我们自身的恐惧了。"

父母对孩子的焦虑简直无处不在。当我和朋友兼前同事玛蒂亚（Madea）一起喝咖啡时，我们再次谈到了这个话题。当她家的双胞胎还小的时候，她和老公一起搬到了位于阿姆斯特丹北部的一个新建成的住宅区居住。她总是为一切有可能发生在孩子身上的事情担心：房子之间有一个很深的明沟，屋子后面还有一个建筑工地。"我必须无时无刻不留意孩子们，这真是一个令人窒息的想法"，玛蒂亚说。"我是一个有着强烈控制欲的妈妈，比如我每周把孩子们送去托儿所一天，我仍然不觉得轻松。但是我们做了一个决定，告诉他们危险后，便让孩子们自己在外面玩，不再随时留意他们。孩子自己能够做事情，而且父母并不总是对一切都了如指掌。我觉得这对孩子来说真的很好。"

宝琳是我朋友亚玟的母亲，在 20 世纪 50 年代还是个小孩子。我向她询问那个年代的情况如何。她告诉我，"我的童年十分自由。我在阿姆斯特丹南部长大，靠近阿姆斯特尔河。每逢星期天，我就可以和一大群孩子一起自在地游荡"。

我问，她的父母是否总能知道她在哪。

"当然不会。我们可以在城市的不同角落，或是在阿姆斯特尔河游泳，或是乘着小船去远行。我们可以随心所欲。"

"从多大开始呢？"我问。

"从四岁左右，我就和姐姐一起去上学。那大约需要步行 15 分钟。当我们上中学时，我们便开始骑自行车去上学。我们的自行车停放在地下室里。我们之前还不能自己把车子推出来。"

亚玟随后便提到她小时候的经历。作为一个孩子，她不得不告诉宝琳她在哪里，和谁一起。但是她的父母还算宽松，所要了解的就这么多。她会去村子里的广场和游乐场玩耍。那是一个安宁的村庄。孩子们都会在树林里闲逛。他们需要小心地穿过一条繁忙的街道。宝琳打断说，"我曾教过孩子们如何过马路。等我看到他们做得很好时，我才放手让他们自己过"。

当我们提到恋童癖的问题，宝琳谈道，"一个大人想要抓住一个孩子实际上很容易。我们总会警告他们要警惕陌生人，还警告他们不要吃陌生人给的糖果。但可能性会有多大呢？这种情况极少会发生"。

亚玟如今生活在阿姆斯特丹，相比她儿时生活的那个宁静的村庄，她的两个儿子则成长在一个更为繁忙的都市。在孩子小的时候，她会担心交通危险。当他们在外面玩的时候，她会定期查看下孩子们在哪里。但现在她说，"让孩子们拥有我们儿时所享有的那份自由很重要。让孩子们脱离父母的视线去玩也很重要"。她的大儿子拉斯（Lasse）在八岁时，开始自己骑车去打网球和曲棍球。他有一个旧的手机。当准备回家时，他可以打电话给他的妈妈。现在他十岁了，有时候从学校回到家后会独自一人，等着父母回来。祖母宝琳补充道："家长需要给孩子这种责任意识，否则他们长大后会感觉到如此无助。"

考虑到这一点，我意识到，在荷兰让孩子读中学前独立自主，也是基于实际的需要。对于那个年龄段的孩子，学校并没有开设课外活动小组。孩子可以自己上学回家，可以独自待在家里，直到父母下班回家。自从大儿子九岁、小儿子六岁以后，亚玟的两个儿子在白天的时候会单独待在家里大于一个小时。她还没有在晚上让他们单独待在家里，但计划明年会尝试。她说："当然，如果出现任何意外的话，我会感到极度内疚。"

在英国，对于几岁以下的儿童一定不能单独留在家中，有明确的法律规定。一旦孩子独自在家处于危险的情况里，父母则有可能会因此而遭到起诉。对于何种情况会构成危险，则是模糊的。一位正在养育小孩的英国朋友最近告诉我，他的邻居威胁他，如果他再让他六岁的孩子在屋子前的门廊里独自玩耍，总是无人照看，他的邻居就会向警察局举报。这种情况在荷兰被认为是极为荒谬的。

宝琳对我说，她曾告诉过她的女儿们，假如遇到火灾，该怎样离开房间。由于她们的卧室在阁楼，窗户外面悬挂供紧急情况使用的绳梯。有一个周末，她和丈夫一同去往阿登。他们把女儿们单独留在家里，但在此期间亚玟生病了。当时没有移动电话，女儿们想联系到父母并不容易。但亚玟的姐姐主动打电话给医生，应对了这个情况。在教导孩子们要保持理智和自立方面，宝琳无疑做得很好。

感知风险

如今，在荷兰繁忙的城市中心，骑车的孩子越来越少，而且大多数家长倾向于给孩子多一些保护，确实如此。但是这跟你在英国或美国发现的那种过度保护产生的焦虑完全不同。这些荷兰孩子的父母在小的时候，就是独自在外玩耍，并没有大人的监督。现在他们有意识地尝试让自己的孩子同样如此。当孩子们在水边、在树林里，或是在繁忙的自行车道上骑车时，那些跟我交谈过的荷兰父母也会为此担心，但是他们试图理智地看待自身的恐惧，不要让自己给予孩子们不合理的限制或是剥夺他们的自由。那些旁人看来轻松、自如的育儿方式，对于那些习惯高度参与孩子生活的父母而言，是相当具有挑战性的。他们必须做出决定，让自己放下那些因为关心孩子而产生的焦虑。正如我所发现的，荷兰父母并不是没有意识到危险。他们和英国父母一样清楚明白，他们只是会用一种更为理性的方式应对危险。

在我每周一次的瑜伽课上，"放手"这个话题时常被谈及。有一次，只有三个妈妈来上课。我们每个人都有一个要面临新挑战的孩子：一位富有经验的妈妈，他18岁的儿子刚刚出门独自旅行；一个年轻的妈妈，他的儿子正要开始上小学；而我有一个即将开始读中学的儿子。我们对彼此将要迎来的变化交换着看法。"他们每走一步，我们就必须学会放手"，那位年长的妈妈如是说。她说得对。

使孩子具备自由的能力

荷兰遍布人工运河和排水渠，超过四分之一的面积都位于海平面以下，似乎被水泡着，让孩子们学会游泳是一种迫切的需要。战后，学校为每个孩子开设了游泳课。就像荷兰所有孩子从小学会骑车，还要参加自行车水平测试一样，孩子们在七八岁的时候都需要参加游泳考试并取得一张"结业证书"。游泳考试不仅要能在泳池里来回游上几圈，还包括能够掌握一些基本的救生技能，例如能够穿着衣服游泳，能够透过一种塑料薄板上的小孔在水下完成潜水。为了让孩子能够在水边安全地玩耍，这似乎是一种合理的做法。

我想知道有多少严重事故是由于孩子们在外自由玩耍造成的，所以我跟阿姆斯特丹 AMC 医院的一位神经科医师詹妮可·霍恩（Janneke Horn）博士取得了联系，霍恩博士负责治疗头部创伤。她告诉我大部分事故发生在家里。"多数人是从楼梯摔下来的。很多事故的发生方式很荒唐。"我告诉她，几年前，本差点因为从沙发上掉下来而折断手指。"是的，这种情况非常典型。在预防意外事故方面，相比于阻止他们去外面玩或骑自行车，教会孩子在下楼梯时紧握扶手更有效。"

细菌无疑是让当今父母经常感到担忧的问题。相比于其他西方国家，荷兰人在保护孩子远离细菌方面似乎不是特别上心。当我第一次看到一位荷兰妈妈从街上捡了一只流浪狗，并把小狗递给了她蹒跚学步的孩子，这让我想起了我的祖母认为脏对人是有益的。与此同时，我注意到许多孩子有德国和美国朋友，他们似乎非常讲求卫生。这些朋友会不断地对奶瓶、安抚奶嘴，以及他们的孩子接触到的其他任何东西进行消毒。荷兰父母通常认为，如果孩子们捡起少量掉在地上不超过五秒钟的食物或甜点，可以把它放进嘴里，并没有什么问题。碰上细菌有益于健康，因为孩子需要建立起自己的免疫系统。毫无意外，相比于欧盟的其他国家，荷兰医生给病人开抗生素的频率要少得多。

这里实际的安全状况究竟如何呢？小孩子在外面究有多安全？在我所住的街道里，如果我们不在，邻居们会帮忙留意着孩子。在学校里，孩子们会接受关于恋童癖和欺凌问题的辅导课程。我们经常教导他们要懂得说，"住手！"要阻止任何人欺负自己。非常重要的是，这里没有那些骇人听闻的媒体。然而在英国，那些街头小报如同患有妄想症的看门狗，朝着任何有可能关乎公共安全问题的事情惊慌地叫个不停，尤其是跟虐待儿童、绑架和谋杀等相关的事情。

难怪人们会担心自己的孩子。外面是一个弱肉强食的地方，英国公众被如此告知，而且政府并没有对此做出任何行动。克里斯蒂娜·哈迪曼特（Christina Hardyment）曾发表过一篇名为《理想的宝宝：从约翰·洛克到吉娜·福特的儿童保育建议》（*Dream*

Babies: Childcare Advice from John Locke to Gina Ford）的历史调查。在这篇出色的调查文章中，她对当今英国那些无处不在的危言耸听的信息进行了评论。孩子们不仅成为受害者，也充当着掠食者。电视节目里会播放着那些失足少年的镜头，随后再告诫父母要给予孩子严厉的爱（tough-love）。政府在削减开支，并将青少年的犯罪行为归咎于单身母亲。更为重要的是，这会让家长觉得，家以外的地方都是危险的。

> 我们总被各式各样的恐怖故事轰炸着，而那些恐怖故事所依据的竟是些尚未得出结论的研究，或是悲观呈现的统计数据，或是各种道听途说的消息。这很容易让我们觉得自己是在一个有史以来最危险、堕落和邪恶的世界中养育着我们的孩子，根本不是处在历史上最健康的时期。

本杰明·斯波克被誉为"自由放养式"育儿运动之父。这项运动旨在让父母根据孩子年龄发展孩子的自主行为。然而他那本著名的儿童保育手册于 1992 年再次修订出版时，新增了大量有关健康和安全问题的建议，映射出这个时代下的文化压力。书中建议家长对家中的自来水进行细菌和硝酸盐含量的检测，婴儿床四周防护栏的间隔应小于 6 厘米。正如克里斯蒂娜·哈迪曼特（Christina Hardyment）在文章中所反思的，"我们所处的世界越安全，我们越感到担心"。她还指出，导致婴儿和幼儿死亡的最主要原因是车祸。那么英国父母为什么还要开车送孩子上学，而不让他们走路或骑自行车呢？

在英国的表妹最近的经历就与这种高度的安全意识相吻合。她最近在脸书上更新了如下内容。

我的女儿今天放学回家告诉我，她们不能在操场上再做侧手翻或手倒立了。好吧，这些也要被加进清单里了……不能跳绳，不能跳皮筋，不能玩跳跳球，以及任何类型的球类活动。显然，这些都是出于健康和安全的考虑。

我们这代的英国人可以在外面自由自在地玩耍、玩球、玩跳绳、踩高跷和弹簧单高跷等，并没有大人监督。究竟是哪里出了错？当我问她究竟是什么导致她所就读的学校如此偏执，她的回答让我颇为惊讶。她说学校害怕被起诉。我的表妹会收到许多冷不防的电话，声称可以协助她向第三方索要损害赔偿。这种事情我以为只在美国常见。为什么商业诉讼在英国也变得如此普遍，并且引起了越来越多的关注呢？将表妹所遇到的状况与荷兰的情况进行对比时，我想到最近读到的一篇文章里提到，荷兰仅次于瑞士，是投保人数最多的国家。每个人都会购买个人责任险，以防自己不小心弄掉了一幅画，或是打碎了一个花瓶。但是回到之前所提及的，荷兰人一直生活在这个拥挤不堪的小国家里，因此他们才会提出基于合作和协商的博德模式（polder model）。相互起诉往往会使事情变得极为麻烦。难道这就是荷兰人不会出于卫生和安全的担忧，而剥夺孩子们快乐玩耍的自由的原因？

学习的压力

与荷兰孩子拥有许多空闲时间相比，大多数英国和美国孩子的日程表则被塞得满满的，他们没有太多时间用来玩耍。他们要上钢琴课，参加足球训练，做家庭作业，演戏剧，跳芭蕾舞，去国际象棋俱乐部，上课后辅导班等。当周围的所有孩子都忙着打造自己的简历，从而增加去理想的中学和心仪的大学就读的机会时，谁还有时间一起玩耍？对儿女抱有殷切期望的父母似乎阻挡了孩子童年的快乐。

荷兰人认为，减少孩子在户外玩耍的时间会阻碍孩子的发展。对于那些过度焦虑和保护型的父母，自由放养型父母看起来有些忽视孩子，但这或许对孩子是最有利的。根据20世纪60年代的追踪研究表明，那些最幸福和成功的孩子们，他们的父母会允许他们在自己喜欢的地方玩耍，并且尊重他们的自主性，而当他们有需要时，父母会随时给予关注和回应。

我的孩子就读的小学强调让孩子们尽可能多地在户外玩耍。在五月的考试周里，孩子们在户外玩耍的时间甚至更多了。一年一度的全国儿童步行活动刚好也安排在同一周，大多数小学会参与此项活动。四岁以下的儿童会在一起步行五公里，大一些的孩子会走上十公里，连续四个晚上都是如此。第一次听到这个活动时，我没让我的孩子参加，因为这恰逢考试周，我觉得这会导致他们过于疲劳和兴奋，以至于过后无法好好睡觉。在接下来的几年里，我的看法彻底改变了。事实证明，这是让孩子们分散考试压力的绝妙方式。艾娜和她的小伙伴们不是走，而是一起跑完了五公里，一路上都在制造着各种各样的恶作剧。孩子们消耗掉了多余的精力，这样他们第二天就可以平静地应对考试。

本和艾娜最喜欢的户外游戏

撕百克雷（Speklapje）是一种荷兰培根，也是艾娜最喜欢在操场上玩的游戏。

如何玩撕百克雷这个游戏？首先挑选一些孩子充当僵尸，

其他孩子则充当培根条。培根条们要尽快地逃跑，僵尸要试图抓住他们。当培根条被标记时，他们也变成僵尸。当没有"培根条"存活下来时，游戏则宣告结束。

本最喜欢的操场游戏（playground game）则是"遇见或躲闪"（Meet or Dodge）。本解释道："每个参与游戏的孩子都要在心里默默地选择另外一个小伙伴并始终关注他，然后需要决定自己是走到那个孩子身边，还是躲开那个孩子。如果你在第一轮成功抓住或躲避了你的秘密对手，你就可以进入下一轮，重新在自己脑袋里挑选一个人。如果那个你试图躲避的人，抓住了你；或者你试图抓住的人，成功躲避了你，而你被其他人抓住了，那么你就出局了。留到最后的两个人获胜。"

这个游戏显然需要诚实，但本向我保证他们中没人会作弊。

从六岁起，我的孩子参加学校的过夜旅行。女儿最近参与的这次出行取得了巨大的成功。他们组织了三天两晚的活动，住在森林中的一个房子里。孩子们一起参观博物馆，参与各种各样的户外游戏、篝火晚会和传统的幽默剧。孩子们轮流表演：唱歌、跳舞、讲笑话或表演魔术。在最后一个晚上，举办一场持续到午夜的迪斯科之夜，所有老师、校长都会和孩子们一起跳舞，伴随曲是孩子们最近最喜欢的那首《橡胶熊》（Gummy Bear）。艾娜回到家后对这次活动赞不绝口。

这周是学校放暑假的第一个星期，我的两个孩子都在参加艾格尼丝夏令营（Camp Agnes），这是一个由志愿者运营的为期一周的传统日间夏令营。住在阿姆斯特丹的孩子，可以每周六参加，每次支付 38 欧元。很难相信儿童看护机构能够以这个价格提供该项服务。显然，当地政府对该项目给予了大量补贴，许多体育赛事也对该活动给予了大力支持。

在假期为孩子们开展日间野营活动，是荷兰的传统。它最早开办于 20 世纪 40 年代，为城市里那些因战时饥荒而身体羸弱的孩子们提供援助，而来自任何社会背景的孩子都可以前来参加。艾格尼丝夏令营由志愿者运营，在城市周边的农村开办。营地通常建在森林边，孩子们可以在此自由玩耍。在这个国家，对于爬树没有任何限制。营地里会提供各式各样有组织的活动，有一顶大帐篷里会摆满各种游戏，比如沙狐球、棋牌和乒乓球。这里还设有足球场和排球场。穿梭在城市里的公交车会将孩子们从各个站点接到营地，当一天的活动结束后再将孩子们送回家。这样一来就解决了上班族家长们的暑假难题。

来自剑桥大学的一项最新研究，着重强调了不允许儿童自由玩耍的风险。教育学院的大卫·怀特布雷（David Whitebread）博士写道："人们越来越重视汽车、犯罪、绑架、病菌等问题的危害，希望孩子越来越早学习文化知识，认为'越早越好'，而学校对竞争性考试越来越重视，这些都导致孩子们的游戏机会逐渐被剥夺。"他继续谈道，"我们这些所有从事幼儿教育的人都明白，玩才是孩子们最好的学习方式，并对他们今后的成就和幸福具有长期影响"。

Chapter 9
讲求节俭：平等主义的简单生活

在过去几十年里，大多数发达国家所存在的不平等问题急剧上升，并且贫富差距越来越大，但是荷兰在抵制这一趋势方面是独一无二的。在这里，不平等程度并没有增加。其中的部分原因是荷兰人讲求节俭，讨厌华而不实，而且荷兰的社会阶层相对扁平化。荷兰人看重时间而不是钱，注重物品的实用性而并不追求奢侈。荷兰父母在孩子们的童年时期为他们所定下的生活基调，孩子们逐渐习惯：他们要务实和自信，不要羁绊于与身份地位相关的焦虑。

瑞娜：去野营啦

"要去农场野营啦！"朱利叶斯一遍又一遍地欢呼着。我们即将前往一个位于乡下有机山羊农场里的野营地。我们全家被邀请前往"绿色农场"进行体验，对方希望换取我在博客上的点评。这里距离荷兰首都阿姆斯特丹北部仅 45 分钟车程，但是四周的田园风光仿佛将我们带到另一个时空里。

我丈夫起初听说我接受这个邀请的时候，发自内心地把我取笑了一番。"你？去野营？在一个农场？你晓得那意味着只有公共淋浴间，没有客房服务，没有每日更换的床上用品和毛巾。"但是我并不打算放弃这个免费的周末度假机会。

对于荷兰人来说，度假是生活中不可或缺的一部分。一个普通的荷兰中产阶级家庭一年通常要外出旅行三次，每次通常三四个星期——这在英国简直不可思议，对于在美国工作的父母更是如此。别忘了每个人都熟悉的陈词滥调，"美国人是为了工作而生活，而欧洲人则是为了生活而工作"。在这些假期之间，荷兰人还喜欢趁着周末出去转转。

成长在旧金山湾区的"城市丛林"中，我几乎从未有过野营的经验。想要去野营的想法是我那保守的移民父母所不能理解的。你怎么愿意舍弃舒适的现代家居生活？对于他们来说，假期意味着奢华，而不是伴着篝火露宿野外。

参加学校组织的一项为期五天的素质拓展活动，是我第一次也是唯一一次野营经历。野营地点在加利福尼亚州西部附近的明爱溪（Caritas Creek）。这是我们学校所有八年级学生都需要经历的一次仪式。大自然的美着实给我留下了深刻的印象。我未曾感受到乡村小屋的不舒适以及公共浴室的不方便。

我对这一次野营格外期待，但是并不愿遇到半夜闯入的猫头鹰或是其他动物。当我发现每个帐篷都有私人浴室时，我彻底被说服了。野营是荷兰民族的一项习俗，我很担心我们差点就错过了。我希望朱利叶斯能够体验到那些荷兰人认为童年生活所必不可少的活动。

一旦学校开始放假，荷兰人就会成群结队地开车驶上高速公路。据荷兰旅游局估计，大约有85万荷兰人在国内支起帐篷，还有190万人去往国外野营，他们汽车的后备箱里装满了喜力（Heineken）啤酒、老阿姆斯特丹牌奶酪、面包、巧克力碎、土豆、香肠和花生酱。路上带着一些好吃的食物，不仅是件愉快的事，而且也很省钱。他们甚至还会带上自己钟爱的品牌卫生纸。野营的理念最初源于英国，但在荷兰十分风靡。荷兰最早于1925年开放的野营地位于格尔德兰省的维尔豪特。荷兰的大篷车制造商凯普斯（Kips）成立于1947年，生意至今仍非常好。

埃伍德（Ewoud）和约佩（Jop）是我们的两位荷兰密友。有一次我们在一起轻松愉快地共进晚餐，大家谈到了野营的话题。夫妻俩都是历史学硕士，我总是不断让他们向我介绍荷兰，而他们总把事情的来龙去脉很好地讲给我听。幸好，他们总是乐于在这种轻松随意的"大杂烩式"的讲座里满足我的好奇心。

"荷兰人为何如此喜欢野营呢？"我问道，一边慢悠悠地喝着啤酒。

"野营是一种经济实惠的度假方式"，埃伍德解释道，一边享用着他的另一份西班牙海鲜饭。

"这是因为我们荷兰人非常节俭。野营是一种和家人一起共度快乐时光的活动，同时保持了荷兰人讲求经济实惠的一贯作风。"约佩补充道。

节俭的理念渗透在荷兰文化和社会政策的方方面面。省钱几乎可以称得上是一种消遣活动——一个人有权吹嘘自己省了多少钱，而其他人都会听着，大家对此乐意接受。荷兰人在花钱购买礼物和给孩子零用钱方面也非常谨慎。关于适合给每个年龄段的孩子多少零花钱，国家家庭财务研究所甚至就此在网上发布了参考性建议。起初，我以为荷兰人具有节俭的习惯意味着他们会很小气和吝啬。我花了七年多的时间，总算明白了荷兰人真正关注的是物有所值。野营恰好是一种能够使度假变得经济实惠的巧妙方式（所有的野营装备都能用上好几年）。我还发现，荷兰人比世界上任何其他国家慈善捐款都要多，而且从事志愿服务的人数几乎占总人口的三分之一。

野营并不只是为了省钱。不同于日常生活，野营可以让家人更紧密地连结在一起，还可以更加亲近大自然。由于人们到阳光明媚的地方度假花费更少，因而去野营的人数略有减少，但野营仍然非常受欢迎。划船也是如此。布拉姆十岁以前，他的父母会带着他和他的三个兄弟姐妹一起驾驶着他们家的小船，沿着荷兰纵横交错的水道航行。这艘家庭小船就相当于一辆家庭大篷车，能够为全家人提供简易的住所，而且年复一年都可以使用。这就是简简单单的生活——荷兰人经常这样过，而且过得很好。

一堂关于荷兰育儿法的速成课

在我们到达农场的那一刻，农场主妮基（Niki）突然之间出现了。她是一位目光温和、友善的中年妇女，金色长发被随意地挽成了一个颇为时尚的发髻。她看起来像是伯克利有机运动的代言人——一种与地球母亲联结的自然之美。

"还要步行一小段路"，妮基一边说着，一边主动提出帮我们拿我们随身携带的行李。我又像往常一样，装了太多东西。由于营地位于一个正在投入使用的农场里，这段小路简直就像《迪士尼动物王国》（*Disney's Animal Kingdom*）和《草原小屋》（*Little House on the Prairie*）里面的通道。正在吃着牧草的山羊和马儿几乎就在我们的帐篷外面，和我们之间只隔着一个木栅栏。帐篷中间放着一个燃木炉和一个荷兰橱柜床，让人感到十分舒适和温馨。朱利叶斯对此欣喜若狂。相比而言，之前去到的巴黎、撒丁岛和意大利渔村都显得黯然无色。显然，简单质朴的事物才是孩子们真正喜欢的。

意料之外的是，在这次野营旅行中，我还上了一节关于荷兰育儿法的速成课。尽管我极尽所能地按照荷兰人的方式养育孩子，但是仍然无法完全接受让我尚处在学步期的儿子不加看管地单独玩耍。我觉得我要随时留意我的孩子。这难道不是好父母所必需的吗？万一他出了事该怎么办？在过去的三年里，我一直暗中徘徊在孩子身边；即便在我们家中和院子里，我还是默默地留意着孩子。

在这里，我没有那么自由。如果我想让全家人今晚吃上饭，我就必须放手，从而把精力放在做饭上。我实在是分身乏术。布拉姆正忙着点燃炉灶，所以他不能代替我照顾孩子。"别担心"，他向我保证。直到现在，在养育孩子方面，布拉姆一直让我做主。我们生活在他的国家里，却按照我的方式养育着孩子。

最初，我不接受他的这个建议。我会悄悄地跟在孩子身后，尽量让自己不太显眼。朱利叶斯正待在一个小型谷仓里，推着一个装有玩具车的小型独轮车。他正在和被称作培根和熏肉的小猪们说话，炫耀着他发现的宝贝。

他拿起一个玩具，喊道："自动卸货车！"小猪们兴奋地哼了一声。他拿起另一个玩具。"消防车！"反反复复地玩着。他沉浸在自己的世界中，被他的小猪朋友们所包围着。我深吸一口气，随他去了。我回到帐篷，把朱利叶斯单独留在那里。如果朱利叶斯需要我，我就在离他不到十五步远的地方。孩子们在这里简直比小鸡更自由。这个想法让我感到有些兴奋。

布拉姆在接下来的两个小时里，都在试图搞明白如何生火并能让火不灭。我则忙着准备蔬菜。接下来，我又花了一个半小时，才煮好放有土豆、玉米、蘑菇、培根和洋葱的一小锅菜。这或许就是慢节奏的生活。在这段时间里，朱利叶斯开心地四处游荡，每隔十五分钟左右回来一次。

我意识到野营完全符合荷兰育儿方式的所有基本要求：让孩子们在轻松的环境里自由活动。没有人会担心打扰到其他客人。营地并不只有朱利叶斯一个小孩。晚上六点钟，五顶帐篷里都住着年轻家庭。住在我们旁边的是，养育着四个金发碧眼孩子的一对夫妻，以及养育着一个三岁男孩和一个小婴儿的一对夫妻。大人们都关注着如何生火，孩子们则在农场周围自由奔跑，大声笑着嚷着。似乎没有什么人对此特别担心或介意。

在周六晚上，妮基和塞斯（Cees）为所有客人送来了比萨作为晚餐。朱利叶斯不喜欢陌生人，不知道他跑到了哪里。布拉姆跟在朱利叶斯的身后，试图劝他来参加派对。我向妮基表达着深深的歉意，并注意到其他十几个大大小小的孩子都在一起高兴地玩耍。妮基感觉到了我的不安，跟我说："父母总是过于关注自己的孩子所不能做的，以及他们能够做却做得不够好的事情。每个孩子都有自己独特的才能。"正如前面提到的，荷兰人确实很喜欢发表他们的见解，无论你是否需要。

"谢谢你"，我低声说道，我们相互会心一笑。

她又说道，"让他做一个三岁的孩子就好"。

我转过身来，心里很受触动。荷兰人的讲话方式可能有些过于直接，但他们也是出奇地善良和富有理解力。允许孩子只做个孩子，而不要期待他表现得如同小大人一般。我的道歉是多余的。

米歇尔找寻到简单生活

当瑞娜还在适应荷兰人举办生日聚会的方式时，我觉得我跟本、艾娜已经完全接受了这种方式。生日聚会讲求舒适和低调。尽管本即将庆祝他 10 岁和 11 岁生日，但我们依然相当放松。本希望在冬季举办一场雪中派对，而去年冬天阿姆斯特丹偏偏没有下雪，因此我们没有找到机会为他庆祝 10 岁生日。

回到伦敦，那些有孩子的朋友似乎已经被相互攀比的生日派对传染。在我的成长过程中，生日聚会不过就是邀请几个学校的好朋友，一起玩击鼓传花的游戏，过生日的同学吹灭生日蛋糕上的蜡烛。如今，人们对于生日聚会的期待升级。一位朋友在她儿子七岁生日的时候，带着 24 个孩子去了水上乐园。其他朋友则需要花费百英镑，来租用场地、筹备食物，以及组织娱乐项目。我听说有人租来充气城堡，并雇用费用高昂的小丑、魔术师、木偶表演，甚至还雇用了充满异国情调的驯兽师。

我很高兴在阿姆斯特丹，父母会非常简单地为孩子们举办生日聚会。今天是本的生日，他邀请了七位男同学参加。他们在一起聊天，相互开着玩笑。到目前为止，他们都非常有礼貌，并没有四处乱跑或尖叫。大约一个小时前，他们一起去了附近的游泳池。我的丈夫只是跟着过去付了门票，便让他们自己回来。

我和丈夫坐在家里，感觉有点像这场生日聚会的多余部分。或许青春期孩子的那些充满惊吓的生日聚会正等待着我们，但这次确实是最为轻松的生日聚会。我们送给本的生日礼物，是一份价格适中的手机电话合同。这是作为他在过去一年里没有把那部二手的预付费手机弄丢的一个奖励。他已经证明了，他可以照顾好他的财产，而且我们能够相信他不会过度消费。

上个月，本参加了一位同班好友的 12 岁生日聚会。一共有八个孩子去了那个女生的家里。他们整个下午和她新养的兔子一起玩。这不是十分快乐又很简单吗？我晓得，有些时候，孩子们的聚会可能会成为一场灾难。一群孩子完全失控地到处乱跑，家长试图弄清楚他们在做什么。或许，这就是为什么英国的家长不惜花钱来解决这个问题。

我们的女儿已经八岁了，我们还没有完全把之前的手忙脚乱丢在脑后，但我们的确发现了一种让事情变得更简单的方式。艾娜的生日在二月，她决定半年后再举办自己的生日派对，这样她就可以在户外过了。跟一群活力无限的男孩子在一起，着实令我疲惫不堪，正如我在艾娜的五岁、六岁和七岁的生日派对中所感受到的那样。我极为愚蠢地筹办了那几次生日派对，我的丈夫根本就没有帮忙。（爸爸总是可有可无的，记得吗？！）今年，我们开车送她和她那些极为闹腾的伙伴们去了乡下，他们在那里上演一场足球高尔夫（football golf）。足球高尔夫有些像是微型高尔夫，有一个足球，还有一个由旧箱子和轮胎组成的跑道。这创造性地利用了因灌溉沟渠分割开来的平坦草坪。整整三个小时，孩子们都在泥土里快乐地奔跑着。球掉进水沟里，会引来孩子们一连串的笑声。妈妈爸爸们所要做的就是记下得分。

继续围绕户外这个主题，我们来谈谈荷兰人喜欢在户外做的另外一件可爱的事情。他们会在公园的树上挂上一条长丝带，以此分隔出一小片区域来举办一场小型的户外派对。然后他们会躺在野餐垫上，再选择一个角落支起他们带来的小型烧烤炉。有时候，成人们的派对也举行相似的活动，尤其在夏季，公园里经常充满着举办小型庆祝活动的人们。

生日派对的奇思妙想

由于深受大家的喜爱，艾娜曾举办了两回纸箱派对。家长需要准备的东西：硬纸板箱（至少每个孩子一个）、一卷银箔、贴纸、笔和皱纹纸。然后让他们自己玩就好，你只需要等着看他们做出来什么。（艾娜的朋友们上次制作了太空船。）

而本举行了两场绘画桌派对。家长需要准备的东西：从文具店买回来一卷棕色的包装纸（把它盖在你的餐桌上，并用胶带粘住）、铅笔、钢笔、蜡笔和贴纸。然后，让他们自己玩去吧！

还有一个想法，只要是下雪天，就可以来一场雪中派对。显然，这需要在很短的时间里筹备完成（孩子生日在哪天，并不重要）。孩子们会制作出类似于动画片《我的世界》（*Minecraft*）风格的雪块，然后制作出任何他们喜欢的东西。

艾娜的朋友麦德丽芙（Madelief）最近举办了一场塑料袋派对。所需要的就是：厚实的塑料袋、剪刀和胶带。孩子将塑料袋剪成条状，然后把它们编成垫子。接下来，将这些垫子进行低温熨烫（这个过程需要家长协助），并对这些熨平的片材进行切割和缝制，可以制作成钱包或笔袋。

另一个想法是举办一场运动日派对。我们需要准备一条麻绳、一些麻布袋和粉笔，把它们带到公园去。我用粉笔在赛道上画出起点和终点。我们举行了一场拔河比赛。这非常受欢迎。你还可以玩另外一个在荷兰派对上经常见到的游戏，叫作"咬点心"（koekje-hap）：在两棵树之间挂上串起来的姜饼蛋糕，孩子们必须把双手放在背后，然后尝试咬掉这些点心。

最后，有些荷兰人还发明了折茶包纸（tea-bag-wrapper）

的微型艺术，也被称为"微型万花筒折纸"。由于荷兰人不喜欢浪费任何东西，他们中有些人会把用过的茶包纸袋收集起来，然后用这些纸袋做手工。你可以在视频网站（YouTube）上查看！不管怎样，这算是创意派对的一个点子。

提示：在荷兰，按照经验来说，通常是邀请与孩子年龄一样数量的孩子来参加派对，也就是说，邀请七个孩子参加一个七岁孩子的派对。（教师鼓励家长和孩子不要在班里发邀请函，而是要在上学前或放学后发放邀请，以免其他孩子感到被冷落。）

简单的文化

了解荷兰的家庭度假和儿童生日派对为何如此低调，让我们来大致看一下荷兰文化。荷兰的节俭延伸到生活的其他领域。荷兰的房屋从外面看起来比较小，但是一旦进入房子里面，便觉得很宽敞。其中的原因是：在 17 世纪的黄金时代（Golden Age），房屋税是根据房屋的宽度来计算的，因而在这之后，高挑却狭窄的房屋被大量建造。想想安妮·弗兰克所居住的侧楼：整个居住空间都隐藏在一个从外面看起来非常小的屋子后面。荷兰房屋的窗户是巨大的，为了让尽可能多的阳光照射进来，以弥补那些昏暗的阴雨天。窗户常年开放，没有安装纱帘，为了表明你并没有需要隐藏的财物（并且可以看出房间很整齐，一尘不染）。

何尔曼·普莱在其所著的《必须可以》（Moet Kunnen）一

书中，指出荷兰人所具有的典型特点。这里有一种强烈的冲动，要让每个人都保持在相同的水平。把名人制成雕像供人瞻仰是闻所未闻的，而且这里也几乎没有那些有名望的贵族或政治家的雕像。通常只有工人阶级的英雄人物以这种方式被纪念，比如流行歌手安德烈·哈泽斯（André Hazes）、18世纪海军上将迈克尔·德·瑞特（Admiral Michiel de Ruyter，曾在海上与英国人和法国人战斗），以及作家穆尔塔图里（Multatuli，揭露了荷兰东印度群岛上的不公平的殖民地统治）。即便体育名人也被直呼其名，只要他们正常发挥便被庆贺。普莱在书中谈道，"他们生活中的失败和其他戏剧性的悲欢离合，被广泛报道"。

即使在中世纪，荷兰人不太喜欢引人注意。来自低地国家的中世纪贸易商会穿着纯黑色的服装，而意大利人则穿着金色的锦缎。在荷兰，这种着装风格具有一定的商业优势，不会招人嫉妒，因而能够带来更好的工作关系。在荷兰的文化里，直接亮出你口袋里的钱是不合乎礼节的。普莱用一系列流行语和短语概括出了荷兰人所具有的心态："'简单，节俭，自给自足'，'行胜于言'，'坦率'，'顺其自然就好'，'不要想太多'，'明天又是新的一天'，'多样化'，'小家万岁'（long live nuclear family）；把领导人下降为'全国家庭之父'。"

荷兰中产阶级在养育孩子的过程中，有着相似的平等主义和公共主义倾向。这是荷兰育儿方式的优势之一。在为孩子挑选昂贵的生日礼物或衣物方面，这里的人们不会去跟周围的人攀比。为孩子的朋友准备生日礼物时，大家会有着一个默契的约定，所准备的礼物不得花费超过十欧元。这里的人们过荷兰传统圣诞节的方式，与英国人疯狂的消费模式完全不同。在12月5日，也就是圣·尼古拉斯日（St Nicholas's name day）的前夕，孩子们在学校进行抽签，看看自己需要为哪位同学制作一份礼物——注意，是"制作"而不是买。然后他们会精心制作一份惊喜（surprise，发音为"sur-preez"），通常是与那位同学最喜欢的爱好相关的纸板或纸浆模型。例如去年，艾娜收到了一个巨型纸板电吉他（这个礼物依然占据着她卧室的一半空间）。有一个价值大约 3.5 欧元的小礼物藏在这份惊喜中。接收礼物的同学会收到一首赞美自己长处的押韵诗，还会被打趣下自己的缺点。家庭也以类似的方式庆祝圣·尼古拉斯日，家人亲自制作礼物，并附带一首有趣的打油诗——同样地，还是用抽签的方式来决定为谁制作礼物。所准备的食物十分简单，不会有工序复杂的烤火鸡，而是易于烹煮的炖肉或汤等，然后会有糕点和糖果（通常是杏仁酥和用巧克力制成的字母饼）。

在荷兰长大的孩子们习惯了二手玩具。在每年四月的国王节（King's Day），阿姆斯特丹的冯德尔公园（Vondelpark）作为自由市场（vrijmarkt）的一部分，就会变成一个大规模的露天儿童市场，而且在全国各地的乡村和城镇也举办类似的活动。孩子们卖旧衣服和玩具，并用收入购买新的衣服和玩具。这是我见过的最好的旧物重复利用的做法，也是教孩子们讨价还价和管理金钱的绝妙方法。其他形式的社会共享在这里也很盛行。位于阿姆斯特丹北部的伊日河哈伦市场（IJ-Hallen）是欧洲最大的跳蚤市场。此外，人们还会在脸书上发起闲置物品交换小组，如阿姆斯特丹旧货市场（Amsterdam Yard Sale）和家庭市场（Family Market），群里会出售大量低廉的儿童玩具和衣服。在这里，被别人看到自己使用或穿着别人遗弃的物品，并不丢人。这很有意义，并且有利于环保。

安雅（Anja）是我所在读书俱乐部的书友。她有两个儿子，住在附近一处新开发的住宅区里，那里的房子装修得非常精美。她很高兴地谈到自己非常喜欢上网购买二手物品。她希望通过这种方式，让她的孩子们学会"尊重和关爱环境，包括大自然，也包括他们周边的环境"。她告诉我，她认为"幸福、美丽与平和都来自一个慢节奏的生活"，最好不要被席卷到消费主义的潮流中。"更重要的是，购买二手物品是非常有趣的！"

玛蒂亚（Madea）也是简单生活的坚决拥护者。她有一对双胞胎，现在已经十来岁了。她经常给孩子们买二手衣物。她小时候就是穿着旧衣服长大的。她的孩子们并不是物质主义，跟她在美国看望她的哥哥时所感受到的那份狂热的消费主义完全不同。对于假期，"我们全家一起去往另一个城市旅行，但我们也去野营"，她告诉我。"我认为野营给予了孩子们最大程度的自由。当我还是个孩子的时候，就去露宿，深深地体会到一种与此密切相连的幸福感。"

当许多英美孩子成长在急速发展的消费型经济环境中，他们期待获得最新款的玩具，并追逐着时尚潮流，而荷兰的孩子们则穿着二手的溜冰鞋在户外玩耍，身上的衣服也不是全新的。在社会不平等问题较少的国家，人们的幸福度会更高，这是我们有关幸福所了解到的事情之一。在《精神层面：为什么说平等对每个人都更好》（*The Spirit Level: Why Equality is Better for Everybody*）一书中，理查德·威尔金森（Richard Wilkinson）和凯特·皮克特（Kate Pickett）写道："像健康一样，人们的幸福感在经济增长的早期阶段逐渐提升，然后会逐渐下降。"他继续提出论点：对幸福产生负面影响最多的不是贫穷而是不平等。对于许多人来说，物质消费与自己的身份密不可分，而身份竞争便是最主要的推动因素。有些人认为"二等商品让我们看起来就像二等人"。威尔金森和皮克特解释说，与不平等相关的很多问题是由于人们对身份地位的焦虑而产生的，而不平等导致各种各样的儿童问题。

这些问题包括少年间的冲突，同伴关系不融洽，在学校的学业不佳，儿童肥胖，以及少女怀孕。诸如此类的问题很可能反映了在一个越不平等的社会里社会地位较低所带来的各方面压力，而这种压力已然渗透到家庭生活和人际关系中。由于不平等导致了人际关系质量的恶化，因而它总是与各种不太好的行为结果相关。

在过去几十年里，大多数发达国家所存在的不平等问题急剧上升，并且贫富差距越来越大，但是荷兰在抵制这一趋势方面是独一无二的。在这里，不平等程度并没有增加。其中的部分原因是荷兰人讲求节俭，讨厌华而不实，而且荷兰的社会阶层相对扁平化。荷兰人看重时间而不是钱，注重物品的实用性而并不追求奢侈。荷兰父母在孩子们的童年时期为他们所定下的生活基调，孩子们逐渐习惯：他们要务实和自信，不要羁绊于与身份地位相关的焦虑。

Chapter 10
快乐的父母，快乐的孩子

荷兰妈妈重新界定了"拥有一切"的意义。她们有充足的时间陪伴孩子，可以根据自己的喜好选择留在家中还是从事兼职或全职工作，没有经济或社会压力。她们并不追求成为完美的妈妈，她们之间似乎没有任何形式的比拼。

瑞娜：找到工作和生活的平衡

我得出了相同的结论：荷兰妈妈们一点都不像我。或者更准确地说，我跟她们一点也不像。她们在兼顾家庭和工作的需求时会流露出平静和自信，与此同时还有着除了母亲以外的自我身份，而这些我仍在努力地找回。

荷兰心理学家埃伦·布莱恩（Ellen de Bruin）在《纽约时报》所发表的一篇名为《荷兰女性为何不沮丧》的文章中指出，荷兰女性不是不会感到沮丧，而是比世界上其他地方的女性要快乐得多。通过细致的研究，对来自不同背景的荷兰女性进行了深入访谈，布莱恩认为荷兰女性的幸福秘诀在于她们能够享有个人自由，以及能够很好地平衡工作与生活。其中一部分原因是她们能够很坦然地从事兼职工作，或根本就不工作。

荷兰女性当然包括这些荷兰妈妈们。如果荷兰儿童是世界上最快乐的孩子，那么他们的妈妈无疑值得肯定。其他国家的妈妈们，尤其是美国和英国的妈妈们，都还没有找寻到个人自由，那这些荷兰妈妈们已经拥有的个人自由究竟是什么？我们可以从她们身上学到什么？她们在育儿过程中同样讲求以儿童为中心，但她们似乎没有英美妈妈们身上所担负的那种压力。

我的母亲，和大多数美国妈妈们一样，在养育孩子的过程中，心照不宣地追求尽善尽美，要像玛莎·斯图尔特（Martha Stewart）所做的那样：对于她们的厨房、她们的工作、她们的子女，以及她们的丈夫，这些妈妈们好比契约奴仆一般——而且，这一切通常都由她们独自应对。当成为一个超级妈妈时，你会感到无比骄傲和自豪。你所做出的牺牲越多，就越能够称得上是一个好妈妈，甚至不会留点时间给自己，甚至要忽视照顾自己。

通过与其他妈妈作比较而进行自我衡量，成为美国人的一种习惯做法。我们把别人家孩子所取得的外在成功或失败，与自己家孩子的相比较，以此作为我们教养效果的直观反映。那份起初的真诚动机——想给自己孩子最好的——逐渐变成一份极度的渴望：想让自己的孩子成为最好的。

我想为我的孩子找寻另一份天地。而我确信我已经在欧洲西部的这个小角落里找到了。这里不过分强调，你要成为一个理想中的完美妈妈。我的婆婆玛西娅（Marcia）经常告诫我，因为她担心我做得太多了。即便她支持我写这本书，但对于我大着肚子就开始写作，同时照顾着一个新生儿和一个学步儿，她并不赞成。我和布拉姆的创业型生活方式——工作时间较长，存在风险且缺少规律，以及总是打电话，这让她感到很有压力。在这里劳务合约是终身制的，从事兼职工作是完全可以接受的，假期也是有保证的，而我们离荷兰模式还有很长的路要走。她觉得我们应该放松。"不要忘了给自己留出时间"，她经常提醒我们。"你们需要时间休息和放松。不要忽略了你们自己。"

荷兰妈妈重新界定了"拥有一切"的意义。她们有充足的时间陪伴孩子，可以根据自己的喜好选择留在家中还是从事兼职或全职工作，没有经济或社会压力。她们并不追求成为完美的妈妈，她们之间似乎没有任何形式的比拼。

我和米歇尔相信，其他发达国家的妈妈们所感受到的那份来自同辈的压力，主要源于内疚感。我俩来自的地方，那里的妈妈们无论是作为全职妈妈，还是作为职场妈妈都会感受到内心的压力。全职妈妈会因为自己没有工作而深感内疚，会试图通过成为一位全能居家女神来填补自己的愧疚。职场妈妈则会由于自己无法随时给予孩子陪伴而深感内疚。在办公室度过充满压力的一天后，仍会在半夜为孩子们烘烤第二天参加义卖的饼干，或是陪孩子一起修补万圣节演出服，希望以此来弥补自己的缺失。这些妈妈们总是处在两难的境地里。

更为深入地看，你会发现在英语国家里，人们内心中那份内疚、焦虑和评判很容易被激起。根据得克萨斯大学的研究，对22个欧洲国家和英语国家的父母和非父母的幸福度进行比较后发现，研究人员得出了一个轰动的结论。

一个国家的社会政策是否允许父母同时兼顾家庭和工作，影响着父母的幸福度。在一个具有良好家庭政策体系的国家里，这里的父母与非父母的幸福度并无差异。

"我真的找到了平衡，觉得自己好幸福。我每周工作三天，如果需要带孩子去指导中心做检查，稍晚些去上班并没有关系"，乌特勒支无线电视台的节目主持人伊娃·布鲁威尔（Eva Brouwer）告诉我。"在一个星期一的早晨，我和丈夫一起去托儿所为瑞克庆祝了一周岁生日。瑞克戴着一顶小小的生日帽，我们一起唱歌，还拍了许多照片。虽然那天我上班迟到了，但我的同事和老板完全理解我想陪孩子一起见证这个特殊时刻的心情，并且分享我的快乐。"

伊娃是我在荷兰认识的第一个朋友。她午休时在我家吃午餐，我则借此机会向她讨教很多问题。

"与美国妈妈相比，你觉得荷兰妈妈压力会更小吗？"我问。

"在我们的文化里，我们可以非常直率和坦诚。当然在荷兰，人们讲求得体和面子，但当你对育儿有任何疑惑或问题时，你在这里会更容易去坦率表露。"

我几乎每天都会通过脸书的即时通信与美国朋友聊聊天。他们告诉我，成为一个完美母亲的驱动力，还跟往常一样强烈。塔拉·伍德（Tara Wood）是我第一个想起的身为人母的朋友。她是一名作家，嫁给了一个"热情似火的男人"（用她自己的话）。他们有七个孩子，住在乔治亚州的奥古斯塔。

我问她关于压力的问题。"我觉得身为一名美国妈妈可能会很紧张，的确会如此。我猜想大多数妈妈，无论她们住在哪里，都会感到有压力，但我仍认为美国妈妈往往更强调竞争，有着过多的评判，会经常不开心。这些都可能会增加焦虑、不安和自我怀疑的感觉。在身为人母将近十五年的时光里，只有在最近五年里，我才对自己作为母亲的自我想法和判断感到安心。现在我终于明白，我的做事风格和养育孩子的方式跟别人无关，但花了很长时间才意识到这点。就我自身而言，面对那些与我自己的育儿风格和选择不同的教养方式时，我尽量让自己不要去评判。成为一个好妈妈的方式，并不是只有一种。"

脸书的首席执行官谢丽尔·桑德伯格（Sheryl Sandberg）提出了"向前一步"（Lean in）这个口号，好像在说"一个母亲只要不断向前一步，就可以拥有一切"。2011年，她在纽约的巴纳德学院所发表的毕业演说曾在网络上引起了轰动。她在那次演讲中谈道，"是否拥有一个生活伴侣，以及选择谁是你的伴侣，是你即将做出的最重要的职业选择"。

我由衷地赞同桑德伯格关于生活伴侣的观点——需要相信两性角色是平等的。她还补上一句，女人应该认真考虑嫁给一个荷兰男人。荷兰男人没有法国男人出了名的浪漫，也没有意大利男人出了名的床上功夫了得。在这里，男女双方都可以主动求偶——女孩子们主动约男孩子出去也是可以的。不过，你们在第一次约会的时候，你必须支付自己的餐费（也就是通常所说的AA制）。一旦你闯过了最初的尴尬阶段，你就会明白，荷兰男人是欧洲最不为人知的秘密。他们会真正地对你所说的话感兴趣，能够读懂对方的想法。这对男人和女人来说都是一个十分宝贵的特质。

在荷兰，关于男女及父母的社会分工，都已经发生了彻底的变化。荷兰男性身上还有值得称赞的一项特点，如同斯堪的纳维亚人一样，他们擅长从事那些能够对家庭整体幸福度产生重要影响的事情：他们履行相应的家庭职责，共同分担育儿责任。尽管实际情况还不够完善——荷兰女性仍然承担更多的育儿和家庭责任——但很明显，时代正发生改变。根据荷兰中央统计署的近期调查显示，荷兰男性正越来越多地承担起做饭和清洗的工作，而女性花在这些家务活上的时间正在减少。

兼职工作的文化氛围，是这里的每个人都更加快乐的另一个原因。在世界经合组织成员国中，荷兰人平均工作时长最短；在欧盟各国中，荷兰人每周工作的总时间也是最少的。有近一半的荷兰成年人从事兼职工作（这是在欧盟各国中比率最高的），有26.8％的男性每周工作时间少于36小时，有75％的女性从事兼职工作——这遍布所有行业，从非技术工人到各类专业人员。

与英国相比，从事兼职工作的人员占总人口的25％。在美国，该项比率则更低，为18.9％。而在荷兰，兼职工作已经成为常态。对于许多荷兰父亲而言，分担照料孩子的事情和家务活，与他们所追求的事业同样重要。他们了解自己在家中发挥更加积极作用的重要性。幸运的是，雇主对此也表示理解和支持。

父亲在儿童发展和身心健康方面的重要作用，目前已经得到相关研究人员和医学专家的认可。科学文献中有很多令人信服的研究证据。学龄儿童健康行为（HBSC）研究，是联合国儿童基金会关于儿童幸福感报告的基础研究。该研究表明，荷兰儿童与父亲的关系，随着父亲对子女的照料时间的增加而逐步改善。

在荷兰，为了减少失业人数，已经将每周全职工作时间减少到 36 个小时。对于那些每天朝九晚五上班，一周工作 40 个小时的员工，政府则给予每周半天或两周一天的额外假期。爸爸们则经常利用这个休息时间来作为自己的"爸爸日"。越来越多的荷兰父亲意识到每周至少陪伴孩子们一次的好处，"爸爸日"正在成为常态。

我想更多了解"爸爸日"，便询问了我的一个好朋友马赛依斯（Mathijs）。他说，"'爸爸日'相当普遍，尤其是在这里的公共和政府部门。对我而言，每周工作四天，是一个非常简单的选择。额外的时间让我能够单独陪伴我的女儿。当她白天睡觉或和朋友一起玩时，我也可以适当工作一会儿，查阅电子邮件以及做一些短时间的工作"。

"我前段时间读过，男性的影响对于一个孩子而言很重要，尤其当学校里大多数是女老师的时候。让爸爸真的成为爸爸，意味着爸爸需要陪女儿去户外，和女儿一起锻炼身体，甚至来点儿摔跤和打架。例如今天是星期五，当女儿放学后，我负责照顾她。我骑车把她和她的一个朋友带到城里去。在阴暗潮湿的 11 月，需要带孩子们出去多接触一些紫外线和新鲜空气。我们跑步穿过购物中心，绕着一个旋转的门转了几圈，讲了许多笑话，然后我给她们每人买了一个圣诞老人的巧克力。

"后来，当她的朋友回家后，我们又在我们家门口踢了一会儿足球。我还和隔壁男孩一起组织了一场自行车比赛。多一些体育活动对她很好，对我来说很有趣！"

在家庭里，我们遵循一个更为传统的模式。我以一个自由作家的身份在家从事兼职工作，而我的丈夫则从事全职工作。但是，布拉姆也会在"爸爸日"照料孩子。不过他只能在周末花时间陪伴他们，而无法在工作日里。每周的物品采购由他负责，他带着我们三岁的儿子一起去。接下来他把周末的清洁、洗衣和吸尘工作做完，接着带朱利叶斯去动物园或去游泳。对于我来说，当马泰奥睡觉时，我抓紧时间完成写作任务，更新博客文章，把项目进度赶上来。

在一个人的工作与自我身份密不可分的文化里，那些"退后一步"（lean out）的美国爸爸则可能会面临孤立和羞辱。我这一代的许多男性渴望做一个身体力行的父亲，换尿布、做饭、洗衣服。但令人沮丧的现实是，对于许多怀有这种高尚的、进步主义理念的男性而言，工作压力最终使这一切变得无法实现。

在美国，养育孩子被视为你自己的问题。这是一个私人事务，而不是一个需要公众共同关注的事情。你决定生孩子，是你的选择——你自己来处理它。然而在荷兰，这是一个由全社会共同分担责任的事情。荷兰父母通常有丰富的支持网，包括孩子的祖父母、兄弟姐妹，以及帮忙留意孩子的邻居们。理想的育儿结构中有两位从事兼职工作的父母和从其他方面进行额外帮助的人员，包括夫妻双方的父母、周围邻居、当地的托幼机构，具有专业资格证并提供上门看护服务的育儿工作者。

女性拥有一份可以实现自身抱负的兼职工作的同时，还能有时间陪伴孩子吗？即便对于那些最具事业心的女性来说，真的能做到工作与生活的平衡吗？

为了更好地了解这一点，我邀请多泰耶（Doortje）一起喝咖啡聊天。她也住在多尔恩，是一名全科医生。多泰耶和丈夫两人都从事兼职工作，这是理想的荷兰家庭模式。多泰耶每周工作三天，丈夫是一名公证人，每周工作四天。他们有三个孩子，还有一条狗。

"什么促使你从事兼职工作？"我问多泰耶。

"从事兼职工作，对我而言不是一个问题。当我取得了我的医学博士学位后，开始考虑我接下来要做什么，想要一份能够给家庭留出时间的工作"，她解释说。"自从有了孩子，我决定成为一名全科医生。这是一项具有灵活性的工作。如果把我全部的工作时间加在一起，你会发现它远远超过一份全职工作"，多泰耶很快地补充道。

"多少个小时？"

"我早晨 7：45 分开始工作，下午六点半到七点半到家。所以我这一天工作 10~11 个小时"，多泰耶说。"然后，我哄孩子们上床睡觉后，经常回到我的电脑旁，进行工作。而且我也会在非工作日开会，经常在周末随叫随到。但是我的工作允许我以家庭生活为中心，还可以给我自己留出时间。这让我非常喜欢。星期一和星期三是我待在家里的日子，我可以去健身房，还能和朋友一起喝咖啡。当孩子们在家里时，我会和他们在一起。因为我非常希望自己能陪在他们身边。"

"有趣的是，你问我同样的问题：如何设法保持工作与生活的平衡"，多泰耶笑道。"昨天晚上，我的朋友给我发短信，问了我相同的问题。她觉得我是一个超人妈妈，想看看我回给她的消息吗？"

我当然想看。她把手机递到我面前，我读道，"我的孩子们终于躺进了被窝里，我们朝他们大喊大叫了很多次，让他们必须要待在自己的床上，告诉他们爸爸妈妈还有很多工作要做。我们还得打扫厨房，为曼琪（Mijntje's）扮演麦当娜所需要的耳环写一封电子邮件，并为艾米（Emmy）的生日聚会绘制彩色雨伞。爸爸还没有倒掉沾满血迹的箱子。如果明天看到我骑车路过你的时候，满脸都是疲惫，你就晓得原因了"。

现代生活所给予的挑战和压力是全世界的父母都会感受到的，对于像多泰耶这样的母亲同样如此。然而，多亏生活在一个兼职工作的文化中，她仍然能够留出时间给自己。这就是让一个妈妈幸福的关键之处。

◆ ◆ ◆

米歇尔：学会放松

刚来荷兰工作的时候，我仍延续着以前在伦敦的疯狂速度。有很多事情需要处理，效率和速度至关重要。我确信，我所具有的这种技能是应该被赞赏的。在我看来，即使你无偿加班，也要坚持把工作完成。你的工作定义了你的身份，你所擅长的事情构成了自我价值的实现基础。我就是理想员工的典范。然而有一个意外却在等着我。

当本一周岁的时候，我们便送他去了当地托儿所，他很享受在那里度过的欢乐时光。由于我收入不多，我们有资格享受政府补贴，因此所支付的大部分托儿费都退了回来。本从第一天起就非常喜欢去托儿所，他是一个天性活泼开朗、喜欢交朋友的小男孩，总是兴高采烈地跟其他小朋友在一起。我把他留在那里根本没有顾虑，因为他在那里很开心。此外，荷兰人对待托儿所的态度比英国更为放松。英国父母会担心把婴幼儿一整天都留在一个制度化的环境中，对他们的心理产生不利影响，而荷兰父母则把托儿所视为与其他小朋友一起玩耍和学习的地方。这对孩子们的社会性发展很有好处。而且适当接触细菌，有助于他们形成一个强壮的免疫系统。

在德国，我可能会被称为"乌鸦妈妈"（这种鸟以忽视它们的幼崽而著称），但是在荷兰，妈妈们选择不留在家中做全职妈妈，而是外出参加工作，并不感到内疚。两个选择都被认为是合情合理的，把两者相结合也一样可行。在我的文化背景里，只有全职工作的模式。由于我在这里找到的所有工作都是兼职，因而我最终签下了三份不同的出版工作。那时候，我还不明白为什么给我提供的都是每周只工作一两天的工作。我以为这种雇佣方式会更省钱。后来，我才发现兼职工作不过是这里的惯例。正如瑞娜讲到的，荷兰人很自豪自己是"欧洲兼职工作冠军"。这被看作让人们更好地平衡工作与生活的方式，即使你没有孩子。爸爸妈妈们通常选择兼职工作，这样他们可以有更多的时间和孩子们在一起。这不会影响他们的社会地位，也不会被同事诬蔑或在公司被轻视。在英国和美国，因为父母陪伴孩子的时间很有限，大家把全部重点放"高质量的陪伴"上。然而，在荷兰，父母并不会特别重视和孩子们在一起的特别时间，因为你有更多的时间用来陪伴他们。瑞娜和我对此都有恍然大悟的感觉。

　　作为项目经理的玛蒂亚告诉我，她和丈夫在双胞胎出生后都选择从事兼职工作，并共同分担育儿工作。"我们有意识地选择较少的收入，以换取陪伴孩子们的更多时间。"但是她还是会觉得有一些不公平：一般而言，男人仍会赚得更多，而且女性还是承担更多的照料工作。"我不喜欢'爸爸日'这个词"，她告诉我。"这表示在其余时间里都要妈妈来负责！但是话说回来，女性也非常喜欢和孩子们在一起。我自己也感觉到了这一点，花时间和孩子们在一起是件非常自然的事，所以很多女性并不介意多承担一些责任。"

　　事实上，把时间花在陪伴孩子上而不去工作，许多荷兰女性把这视为一份福利和一种奢侈。例如，我们家的育儿师贝蒂（Betty），在她的孩子们离开家以前，一直是一名全职妈妈。她根本不觉得她的社会地位被削弱了，她觉得自己与丈夫是相当平等的。"照顾孩子们让我非常忙碌，除了从事母乳喂养指导师的志愿者服务工作，我没有时间做其他事情。我以我的母亲为榜样。她非常喜欢做一名母亲，而且一心一意地做着，我也是如此。"

瑞娜和我一起拜访了艾尔斯·克罗克（Els Kloek）。她是一名卓越的历史学家，专注于女性问题的研究。我们就这个方面展开了交谈。我们向她谈道，至少在我们看来，相比于伦敦和旧金山，在阿姆斯特丹，个人身份似乎很少与工作捆绑在一起。从事兼职工作，或者不工作，都很正常，并不是什么丢脸的事。

"的确如此！"她大声说道。"由于具有强烈的家庭观念和群体意识，荷兰女性觉得不工作是一种特权。在公司，你必须长时间工作，需要服从你的老板。在家里，你就是唯一的老板，你自己的老板。这往往被女权主义者所忽略。"

艾尔斯对古往今来的荷兰家庭主妇进行了研究，在她《家庭主妇》（*Lady of the House*）一书中所呈现出的荷兰女性，有着令人难以置信的强大信念和对自身生活的掌控。她没有像丈夫一样享有同等的政治权利。艾尔斯对历史漫画中所描绘的荷兰家庭主妇进行了深入研究，她们呈现出"专横、有魄力、节俭和难以置信的整洁"的形象。这让我们明白，为什么荷兰女性不会把男人期待的理想女性形象放在心上。她们不去尝试把产后的自己挤进怀孕前穿的牛仔裤里。这不是一个需要优先考虑的事。荷兰的家庭主妇为了让家变得更美好，而不是为了取悦她的丈夫。

"对于一切她不愿迎合的角色，她都毫不遮掩地呈现出来。她不是一个奴仆或女佣，不是一个蛇蝎美人，也不做厨房里的女王"，艾尔斯在她这本书的简介中写道。

荷兰女性的声望，主要源于女性在家庭和婚姻中的主导地位。她可能不如法国女性那么考究着装，不如德国女性那么顺从，不如英国女性擅长招待客人，但她早

已拥有和丈夫等同的地位。她与丈夫比肩同站，甚至还
要高过她的丈夫。

艾尔斯指出，把所谓的"家庭主妇"看作一个职业是错误
的想法。家庭主妇的劳动存在于经济活动之外。倘若支付薪水给
她，会使她成为丈夫的雇佣奴仆，造成地位的不平等。作为一个
家庭主妇，在社会上的位置并不等同于一个职业。"在荷兰的社
会背景里，家庭主妇通常不参与工作。作为一名家庭主妇是一种
奢侈。一旦人们承担得起，女人就会退出有报酬的工作，去负责
照顾家庭，而男人负责挣钱养家。"艾尔斯表示，回顾历史，荷
兰的家庭主妇常常是一家之主。她们不会总在厨房里忙活，还会
把自己的家收拾得干净整洁，并且很享受这个过程。虽然她们并
没有太多学问，不会在家里举办学术沙龙，但是她们擅长算术，
善于管理家庭账务。

在过去，来自其他国家的游客常常吃惊地发现，荷兰女性在
家里竟然不需要穿裙子，而是经常穿着裤子。在历史上有很多这
方面的事例，守寡的妇人们会继续经营已故丈夫们的公司，甚至
拿起武器捍卫自己的利益。

艾尔斯建议我们联系下茹斯·沃特斯（Roos Wouters）。她
致力于为当代荷兰妇女争取解放。茹斯自称是一名政治学家和社
会企业家。她著有《去你的！我是一名女权主义者》（*Fuck! I'm
a feminist*），并就减少工作压力方面发表演说和举办研讨会。她
还做了大量工作以推动新型工作方式。这一举措有助于为在企业
工作的父母提供了更大的灵活性，允许父母在家里处理更多的工
作，允许他们在所选择的时间段工作。我们在阿姆斯特丹中央图
书馆见了面。那是位于火车站旁的一幢美丽的当代建筑，图书馆
里充满了阳光。

茹斯的两个孩子分别为 11 岁和 15 岁。她先从自己作为母亲从事兼职工作的经历谈起。她的爱人从事全职工作，而她在一家电视公司每周工作三天，深深体会兼顾工作和养育孩子的压力。有一天，她需要处理一项非常棘手的工作任务，而且忘记了那天她的父亲无法去学校帮她接儿子回家，她没有作出其他安排。幸运的是，她的一位同事恰好帮忙把孩子带到了她家。后来同事给她打了电话。接到这个令她羞愧的电话，是茹斯一生中的转折点。荷兰的家庭模式通常是爸爸从事全职工作，而妈妈做一份兼职工作。她感到这种模式有些不对劲。对于像她一样极富事业心的女人来说，这种模式并不适合。

记者布里吉德·舒尔特（Brigid Schulte）在她的名为《让人不知所措：当每个人都没有时间，如何来工作、相爱和娱乐》（*Overwhelmed: How to Work, Love and Play when No One Has the Time*）一书中得出了同样的结论。那种匆匆忙忙的现代生活方式，使人们对于忙碌有了一份近乎狂热的崇拜。她研究这个问题的过程中同样提到，有一个从事全职工作的爸爸和一份做兼职工作的妈妈，是荷兰以往的家庭模式。虽然这种家庭模式似乎听起来非常理想，但她警告说，兼职工作会造成"角色超负荷"，总是不断地从一个角色切换到另一个角色，这会增加人们的急迫感和紧张感。上班族妈妈是最容易受到影响的，因为她们习惯性地承担更多的家庭责任和处理更多的事务，而爸爸们则往往更专注于工作。

无论妈妈们是否从事兼职工作，她们都会感觉到有压力，即便在荷兰同样如此，似乎还有其他因素导致了妈妈们的紧张和压力。荷兰社会政策委员会的一项新研究表明，虽然荷兰女性和男性通常享有同等数量的自由时间，但女性并没有在她们的自由时间里体验到"自由"之感，因为她们总是忙于确保她们的伴侣和孩子是否感到快乐或房间是否保持整洁。研究人员称之为"情感

荷兰育儿法：养育全世界最快乐小孩的秘密

工作"。即便工作文化在逐渐有利于我们这些母亲们，但似乎是自己把事情变得更困难了。

茹斯希望工作能够变得更加灵活，无论你从事全职还是兼职的工作，都能有更多的机会在家办公。她已经开始游说荷兰的男性和女性。她觉得在过去十年里，事情已经发生了很大的变化。"父母之间的劳动分工曾经是一个私人问题，属于在自家餐桌上谈论的话题，而不是让你的雇主操心的事情。如今情况已经发生改变。"她觉得新的工作方式着实改善了工作环境，给予父母更多灵活安排的空间。她自豪地补充道，"过去，我们曾把瑞典作为榜样；但是现在，他们来我们这里，看看我们是如何做的。如今，工作压力是可以公开讨论的话题。这是大家共同的问题"。

在采访接近尾声时，我告诉茹斯，我们和瑞娜现在都已经找到了工作的终极形式——成为自由职业者。她们同意这一点。由于金融危机，企业缩减规模，越来越多的人正从事自由职业。这种工作方式很适合我们。与其让你的老板在工作中给予你更多的灵活性，不如就没有老板。

压力

法国哲学家笛卡尔（Descartes）在荷兰度过了自己的大半生。据说他曾经说过，"上帝创造了世界，荷兰人创造了荷兰"。他指的是荷兰人奋力从海水所侵蚀之处重新开垦土地的做法，但这句话也同样适用于荷兰人为建立自己国家的社会性原则而不断奋斗的其他做法。荷兰人自觉积极抵制社会阶层。政治家们利用诸如税收等财政手段，尽力调节贫富差距（这为福利制度提供资金支持，使政府有条件实行免费上学）。不只政治家们参与社会建构，真正的源泉是人民自身的力量。个体的愿望通常不是要成为最富有或最好的人。正如荷兰的一句俗语所说，"不要把你的头伸出玉米地，否则会被割掉"。这对于在荷兰工作的外国人来说极富有魅力。

当来到这里一年时，我受雇于一家举办诗歌节的公司和两家出版公司。这几家公司从业务上来说，属于相互竞争的关系，但这似乎没有让任何一家公司感到困扰。在富有时尚感的建筑里，工作氛围轻松，办公环境舒适宜人，装修风格虽有些过时但十分简单舒适（你可能在 30 年前的英国出版公司见到过这种风格）。会议冗长是唯一的缺点。人们总是如此轻松，不经意间就开始了闲谈，根本不曾感受到时间压力。出席会议的每位同事都会就所谈论的问题发表自己的意见，而很少直接做出任何决定。大家用行动见证着前文所提及的波德模式（polder model）。

在一家公司工作了几个月后，我的老板把我带到一边说："你能放慢一点吗？你让你的同事们感到不安。局面正在失去平衡。"一位从英国移居到荷兰的朋友，她在另外一个完全不同的行业工作，她告诉我她也有着相同的经历。"我简直不敢相信——我的老板告诉我不要这么努力地工作！"她大声说道。科林·怀特（Colin White）和劳里·布克（Laurie Boucke）进行了一项关于荷兰生活方式的幽默研究，他们在《荷兰人不会这么做》（*The UnDutchables*）这本书中警告说，外籍员工因同事们的不努力而感到沮丧；他们开玩笑地说，"在这里，喝咖啡的间隙是用来工作的，为同事们过生日才是头等大事"。

然而，奇怪的是，荷兰人似乎认为自己工作得特别努力，为自己的加尔文主义的职业道德感到自豪。他们说："工作使人高尚，劳动使人高尚。"在我看来，他们似乎没有像我的英国同事们一样努力。然而令我惊讶的是，经合组织对生产力的统计表明，当荷兰人工作时，他们能完成很多事情，生产力水平明显高于英国。荷兰人相信要努力工作，努力玩耍。"工作完成后，就要好好休息"，这是荷兰的另一句俗语。所以没有理由不抽出时间好好享受生活。在荷兰并不多见的阳光明媚的日子里，咖啡馆的露台上坐满了自发休息的办公室职员，虽然并非正式休息时间，却是完全可以接受的。要及时行乐！

尽管我的老板向我提出了要求，但我并没有放慢步调。我不知道该如何慢下来，我太过英国化了。我继续兼职，尽可能努力和认真地工作。本每周有四天去托儿所，然后第五天和祖母一起度过。但是当艾娜出生时，我发现自己要照料另一种类型的孩子。当我要去上班的时候，很难让她跟我分开。她好像讨厌待在托儿所。她讨厌人群，讨厌陌生人，讨厌除了我怀里的任何地方。

回到艾娜出生的 2007 年，那时自由职业者在这里还不能享受生育津贴，要一年后才能享受。所以在家陪伴艾娜的八个月里，我靠着翻译一本荷兰小说来解决我的财务问题。之后我重新回到一项工作中。这项工作扩展到每周工作四天。（在第五天，我作为自由职业者从事翻译图书的工作——工作狂是不会休息的。）这是一家我一直效力的公司。他们主动鼓励我增加工作时间。同时，他们正在实行新的工作方式，所以在这里工作有很好的灵活性。我每周至少有一天可以在家办公，在孩子旁边处理事情。同时照顾一个婴儿和一个学步儿，着实让人疲惫不堪。那是非常困难的几年，我称之为育儿的"隧道"。尽管如此，善解人意的老板、当地的托幼机构，以及一位退休在家的可爱邻居，让那段岁月变得更有希望。

几年以后，由于公司的一项并购业务所带来的压力逐渐侵蚀着我，我发现自己在夜晚的大部分时间无法入睡，担心有些事情无法解决。我找到了人力资源经理。她意识到无法给予我任何帮助，便送我去看了联结治疗师（haptonomist）。当然，这是在工作时间里。

我只在跟荷兰国家足球队有关的新闻里听到过联结术（haptonomy）。它作为某种类型的新式心理疗法，能够帮助足球运动员之间建立联结，帮助他们放放松和避免伤害。有些人甚至把荷兰队在 1988 年（那年他们赢得了欧洲冠军）的夺冠归功于他们的联结治疗师泰德·特罗斯特（Ted Troost）。我对此非常怀疑。然而这个名字让我感到有些可怕和怪异，就如同山达基教（scientology）。

我去了火车总站附近的一间狭小局促的办公室。房间里摆放了一张按摩床和少量其他物品。我被迅速诊断为一个焦虑的脑力工作者，需要减少思虑。我的治疗师对我说，在我的治疗期间，不允许我在线查阅跟联结术有关的内容，或阅读任何与此相关的书籍。我之前没有查阅过。在治疗过程中，我也不去查找相关资料。这是一种奇怪的疗法，包括部分交谈以及部分疗愈和按摩。以下是治疗师要求我做的。

◆重新与我的身体及其需要联结

◆要更加强势

◆客观地看待事物

◆不要多虑

◆更加坚持自己的立场

◆学会说不

基本上，我不得不变得更像一位自信的荷兰女人。联结术所传递的信息是，你的身体和精神健康比你的工作更重要。我的很多英国朋友需要将这个建议谨记在心。

我们经常听到却难以实现生活与工作的平衡，荷兰人却能够出色地把握那份平衡。经合组织在"美好生活指数"（Better Life Index）中所公布的统计数据显示，荷兰位列第二位，仅次于丹麦，而英国排在第 22 位，美国在 34 个发达国家中排名第 28 位。这种生活方式也清楚地体现在工作场合里，即便在我工作最辛苦的时候，我从来都没有加过班。在最初的那段时间，我经常是最后关灯的那个人，而在伦敦，下午 7 点被视为下班回家的正常时间。在这里，大部分同事在下午 5 点就离开。父母要抓紧去接他们的孩子，没有孩子的同事去酒吧闲逛或者去健身房健身。正如我之前提到的，做一个有抱负的人，在荷兰并不是任何人都特别想成为这样子。来办公室露个面，在办公室无所事事地待着，或是加班到很晚，以确保别人能看到你在那里，这些行为在这里都不常见。在荷兰，作为一名职场妈妈，优势是显而易见的：按时回家，去幼儿园接孩子们。对此，我未曾感受到任何压力。我从事出版行业，有大量的阅读任务要完成。但是当孩子们上床睡觉后，我可以做这些事情。

我在荷兰的一个工作日跟在伦敦的好友赫伦的一天进行了对比。我会花十分钟从家骑车把孩子们送到幼儿园，然后再骑 20 分钟去上班，从上午九点工作到下午五点。而我在伦敦的朋友赫伦，她需要从家出发乘坐 45 分钟的地铁，到达位于市区的办公室。她的女儿在家附近的一所幼儿园上学，但是我的朋友一直处于焦虑的状态。因为她觉得自己的女儿年纪尚小，如果孩子发生任何意外，她离得实在太远了。她的丈夫会在早晨送孩子去幼儿园，因而她能够准时上班。这是紧张的一天，我听许多人讲述过的一天。在英国，公司期待女性在生育孩子后，仍要保持相同的工作时长。正如我从阿姆斯特丹舒适的家中看到的，身为人母不是问题的根源。问题的真正根源是，英国所讲求的过度工作的文化以及工作定义了个体身份，而这却一直延续着。

Chapter 11

幸福的一天：从早餐开始

在荷兰，餐桌是私人的领地，不是社交场所。

全家人坐在一起吃饭是荷兰家庭生活的重要组成部分。大多数荷兰家庭每天至少会一起享用早餐和晚餐。小孩子和大人都应遵循一些共同的礼节，从而有助于营造一个舒适的、利于交谈的进餐环境。

在餐桌旁，孩子学会拥有自己的观点并予以表达。对话是家庭动力的内在组成部分。

荷兰家庭的进餐方式有助于家庭成员之间展开愉快、坦率的对话，但也会有着明确的规则和边界，因而这里的孩子会更快乐。

瑞娜：荷兰的孩子早上就可以吃巧克力

慵懒的周末是必须要待在家里的。大多数地方都是关门的。如果幸运的话，只有在下午才开放。

一天，布拉姆早起在厨房忙碌着，精心为家人准备早餐，用山羊奶酪、草莓、芒果和蓝莓制作荷兰式法国吐司（wentelteefjes）。而我则在客厅的沙发上，给马泰奥喂奶，并计划着下午的户外徒步。朱利叶斯在他的房间里，玩着他的乐高玩具。

秋高气爽，阳光明媚，我们顿感心情舒畅。我沿着林间小路，找寻着鹅膏菌。这种带有白色斑点的红蘑菇很难寻觅。我以前一直以为这种红蘑菇，只属于超级马里奥的世界里，或是在童话故事里，以及小矮人的花园里。直到我搬来荷兰，我才发现这里有许多这种红蘑菇。这种红蘑菇以其毒性和致幻性而著称，所以我们只能从远处欣赏它们的美丽。

"亲爱的，看看这个"，布拉姆在餐厅呼喊着我。

我把头转向桌子。朱利叶斯正坐在他的高脚椅上，脸上挂着极富感染力的笑容。我们三岁的孩子已经自己吃早餐了。他的面前放着一块涂满了无盐黄油和巧克力碎的面包。

"难怪荷兰孩子是世界上最快乐的孩子"，我自言自语道。"如果他们每天早晨起来做的第一件事就是吃巧克力，谁会不开心呢？"我似乎已经听到那些完美妈妈们在互联网上发出的反对和不屑的声音。早餐吃巧克力？你不会认为早上就开始吃含有大量糖分的食物会是一个绝妙的主意吧。

朱利叶斯把早餐搞得一团糟。他把黄油抹在了自己的高脚椅上、脸上和手上，还把巧克力撒得满地都是。我和我的丈夫互相看着彼此。我们要训斥他吗？相反，我们不禁大笑起来，把这看作假装生气的妈妈的又一次失败。一不留神，朱利叶斯已经开始大口吃着自己的巧克力三明治，脸上洋溢着幸福的微笑。我的丈夫赶紧拍下了这个美妙的瞬间。

冠军早餐

那么早餐吃巧克力碎有什么特别吗？难道这是让荷兰孩子如此快乐的真正原因吗？在"嗡嗡喂"（Buzzfeed）视频网站上，曾发布了一个邀请美国的孩子们品尝来自世界各地的传统早餐的有趣视频。根据孩子们的反应来看，这款荷兰早餐显然深受孩子们的喜爱。如果能吃到巧克力，孩子怎么会不想每天早上吃早餐呢？其实，其他国家的孩子也吃含糖量高的食物，通常是以谷物的形式，比如朱古力米花。我想荷兰孩子更快乐是因为荷兰人全家一起吃早餐。

根据联合国儿童基金会 2013 年发布的报告，就是那份宣布荷兰儿童是世界上最快乐的孩子的报告，85 % 的 11 岁、13 岁和 15 岁的荷兰儿童每天都吃早餐。在上学和上班前，全家人围坐在一起吃早餐是荷兰家庭的日常生活。没有国家像荷兰一样，全家人经常在一起吃早餐。我清楚地知道，在美国和英国，人们因为赶时间而匆忙出门，早餐常常成为被忽视的一顿饭。

荷兰人似乎非常理解有规律进餐的重要性，把早起吃早餐作为一天的开始。有大量的研究表明，每天早晨吃早餐的益处：减少一天中吃不健康零食所带来的风险，降低肥胖的风险，以及加强孩子学习时集中注意力的能力。荷兰人是早餐冠军，也会因此更加快乐，更加健康。但最为重要的一点是，新的一天从全家人围坐在一起吃早饭开始，荷兰人对此非常看重。而对所有家庭成员来说，这个平静且温馨的体验，能够增进彼此之间的关系。

一份健康均衡的食物？

我惊讶地发现，在荷兰，人们都在早餐面包上撒上巧克力碎。荷兰人难道不明白均衡膳食的重要性吗，不知道讲求低脂和低糖吗？的确如此，荷兰人的食物以单调和乏味著称，尤其在外国人眼中。或许"功利主义"这个词可以最贴切地描述荷兰人的饮食方式：食物的制作过程要方便快捷，食物要经济实惠有营养。典型的荷兰午餐和荷兰早餐之间的唯一区别是隔了三个小时：两顿饭均以单片三明治为主食。只有晚餐才会吃热食，通常会有肉、蔬菜和碳水化合物。常常被称作三位一体，不会有任何高级的烹饪技术。

然而根据最近的研究，荷兰人简单实用的饮食方式或许应当被推行。乐施会（Oxfam）在 2014 年进行的一项研究表明，荷兰拥有"世界上最好的食物"。乐施会从以下四个标准进行评定：食物供应是否充足，食物是否经济实惠，食物的品质是否优良，以及食物是否会导致肥胖和糖尿病的高发病率。在此项调查中，英国排名第十位。美国的排名则低得多，位列第 21 位。虽然美国在食物的经济实惠程度以及食物品质方面得分均较高，但是由于肥胖和糖尿病的高发病率，该国整体排名被拉低。

联合国儿童基金会所发布的调查报告支持了乐施会的研究结论。在对全部 29 个发达国家的调查中，荷兰儿童的肥胖率最低。荷兰 11 岁、13 岁和 15 岁儿童中，只有 8.36 % 被认定为肥胖。令人遗憾的是，除了荷兰、丹麦和瑞士三个国家，其他国家的儿童肥胖率都在10%以上。结果表明，全世界最佳进餐地并不在法国，不在日本，也不在地中海的某个地方，而正是在荷兰。尽管荷兰的食物里有黄油、面包和巧克力碎，但荷兰人的饮食非常健康且均衡，而且这是每个人都负担得起的。

今天早晨，当我们看着孩子开心地吃着荷兰早餐，充满喜悦地摇晃着脑袋，快乐地踢着腿时，我终于领悟到巧克力碎的全部意义。停下来片刻，只是看看孩子，我头脑中的那些神经质的、焦虑的声音便都消散了。我明白了，我除了对巧克力那份甜美味道溢于言表地喜爱，还能自己选择和准备他的早餐，三岁的儿子对此非常满足和自豪。这会转化为一份自信。这的确就是巧克力碎的真谛。

餐桌礼仪塑造孩子

当然，在强调全家人一起进餐重要性的文化里，餐桌上肯定有一些明确的进餐礼节和规矩。全家人坐在一起吃饭是荷兰家庭生活的重要组成部分。大多数荷兰家庭每天至少会一起享用早餐和晚餐。小孩子和大人都应遵循一些共同的礼节，从而有助于营造一个舒适的、利于交谈的进餐环境。但是荷兰人有什么特别的进餐规矩吗？

有关荷兰文化的问题，我求助于我家的常驻专家——我的丈夫。布拉姆回答道，"'把手放在桌子上'（handen boven tafel），这是荷兰孩子们在成长过程中都会听到的一句话。坐在桌旁边的时候，你的手应该始终在桌子上方，要右手拿刀，左手拿叉。把胳膊肘放在桌子上肯定是不允许的"。

包括孩子在内的每个人，都要等到全家人到齐时才能开始吃饭。等待每个人都到齐后才开饭，不仅是互相尊重，更意味着大家是一个共同体——每个人都会如此，无论男女老少。在每个人拿起叉子用餐之前，大家要相道一声"请享用你的食物吧"（Smakelijk eten），这种礼节也加强了家人之间彼此的尊重和联结。当需要离开餐桌时，你需要告诉家人并请求离开。这才是有礼貌的行为。毫无疑问，当孩子们到了坐在桌子旁用餐的年龄，他们在进餐过程要保持嘴巴闭合，不要发出任何咂嘴的声音。

世界上最高的民族

荷兰女性的平均身高是五英尺八英寸（约为172.7厘米），男性的平均身高为六英尺（约为182.9厘米）。而荷兰老房子里低矮的天花板则告诉我们，荷兰人之前并没有这么高。但从19世纪中叶开始，荷兰人长得越来越高，天花板的高度也越来越高。

有很多关于荷兰人为何如此之高的说法，下面列举了其中的一些。

◆这样他们才可以把头露出水面（荷兰有26%的国土位于海平面以下，29%的地方容易受被河水淹没）

◆这肯定是因为他们所吃的奶酪、牛奶和肉（含有生长激素等）

◆缺少压力（研究显示，童年时期的压力会影响身高）

◆优胜劣汰：女性更喜欢和身材高大的男人结为伴侣

◆生活在平原的人们会更高，例如马赛族、图阿雷格部族和富拉尼人。平地的居民自然身材高大，而山地的居民自然身材较小

◆繁荣：当国民生产总值上升时，全国人民的平均身高

米歇尔：一切都跟桌子有关

我在伦敦居住时，举办过很多次晚宴。因此搬到荷兰之前，我习惯去准备大量饭菜。我来到荷兰后买的第一件家具是一个大餐桌。不少朋友在这里工作，所以当第一次搬过来的时候，我期待着大家来我家吃晚饭。过去的许多年，我在法国的许多地方居住过，当地人总会邀请我到他们家里，大家围坐在一起进餐。我认为在阿姆斯特丹没有任何不同。

我来到了荷兰，并且有了孩子。我等了又等，但始终没有收到任何邀请。即使邀请过来一起吃饭的朋友，也没有回请我们。过了一段时间，我意识到，虽然荷兰人在做生意时非常友好，但他们不一定要在工作时间以外进行社交。更重要的是，晚宴上的社交网络，至少是伦敦职业课的一部分，对他们来说还是国外的概念。我不明白的是，荷兰人对晚餐的态度完全不一样。在《荷兰人不会这么做》（*The UnDutchables*）这本书中终于明白了这个问题："晚餐是家庭的时间，这就是你不被邀请的原因。被邀请一起喝茶或咖啡，才是常见的。"事实上，我经常被邀请一起喝茶，有时会到下午 5 点。让我觉得奇怪的是，期待你晚餐前离开。

在荷兰，餐桌是私人的领地，不是社交场所。有趣的是，在我从事翻译的过程中，我注意到"桌子"（tafel）这个词在荷兰语的表达中总会不断出现。它似乎深深植根于荷兰文化中。在荷兰语的很多表达中，"桌子"这个词总会频繁出现，例如"消除你们两人之间的误会"（aan tafel gaan zitten met iemand），"提出问题供讨论"（ter tafel komen），还有"把某件事摊开来解决"（boven tafel krijgen）等。桌子是一个任何事情都能被解决的地方，无论是消除分歧，还是分享观点或者达成新协议。圆桌讨论是电视谈话节目的一种常见形式。邀请名人和专家围坐在一起展开一场生动的辩论，更能体现荷兰人的风格。

在餐桌旁，孩子学会拥有自己的观点并予以表达。对话是家庭动力的内在组成部分。卡雷尔·万·埃克（Carel van Eck）是两个荷兰孩子的父亲。他这样跟我说："我们相信，花时间一起享用早餐和晚餐是至关重要的，这样我们可以相互倾听，分享彼此的经验，谈论世界上正在发生的事情并将其放在更广泛的范围内去讨论。早餐谈话通常是与新闻相关的。我们在吃早餐时评论热点事件，并聊聊孩子们在学校和放学后的事情。在晚餐时间，说说当天发生过的事情。今天发生了什么？你是怎么回应的？你从中学到了什么？"

回到英国，早餐通常是随便吃点，或者直接被忽略。孩子们常常会在下午晚些时候喝"茶"，吃炸鱼条和薯条，而父母则在更晚的时候才享用他们自己的餐食，通常是孩子们上床睡觉后，被称作"文明的欧洲人"的时间。在荷兰，全家人六点钟坐在一起吃饭。下班到吃饭之间的时间短，精致的烹饪是不可能了，所以晚餐通常是简单的食物，或是在周末准备好的可以重新加热的食物。全家人一起吃晚饭的惯例，意味着上班的父母可以按时下班，而这是一项毋庸置疑的权利。

《这就是我们》（*Dit zijn we*）是一本介绍荷兰传统的书。在书中提到了荷兰餐桌上的典型食物。你会发现，简单是荷兰饮食的关键。午餐通常是一份单片三明治，上面通常会加有火腿或奶酪等可口的食材，接着会再吃一片抹有黄油的白面包（被称作"令人心满意足的三明治"），而这些就足以让你吃饱。荷兰人经常在午餐时间喝脱脂牛奶，晚餐有时也会。虽然荷兰人的饮食习惯看上去并不健康，但他们会控制自己的食量，不会吃得太多。荷兰人极为自然的节俭习惯同样影响着社会习俗：如果你被邀请喝咖啡，主人只会从罐子里取出一片饼干；如果你被邀请喝上一杯饮品，主人会提供少量涂有奶酪或法式肉酱（paté）的咸饼干。这种分配食物的方式能够对每个人吃多少进行控制。

每周通常有一天专门用来消灭剩菜。不太新鲜的面包被重新做成美味的法式吐司。炖锅（stamppot，拌有卷心菜或甘蓝菜的土豆泥），外加香肠和肉汁，通常是晚餐时的常见主食。我们经常在家吃这个。荷兰人也喜欢做汤、炖菜和火锅。因为这些准备起来很快，而且容易被重新加热，富有营养。有时候，我的丈夫会在星期天多做几个菜，为我们接下来的一周做准备。

如何制作荷兰式法国吐司

原料：一个蛋，一杯香草糖（或者是糖和香草香精），肉桂粉，一杯牛奶，不太新鲜的切片面包（stale sliced bread），一小块黄油。

制作过程：把鸡蛋、香草糖、肉桂粉和牛奶倒入一个浅口的碗中搅拌均匀。将面包皮切下来，把面包片依次蘸下搅拌好的面糊。把面包片叠放在一起，再将剩下的面糊浇在上面。在平底锅里加入黄油，然后把面包片煎五分钟左右，记得要翻个面。最后，就可以尽情享用啦！

*一些食谱里会建议在面糊里加入少许朗姆酒或橙汁。

在荷兰，与其说全家人围坐在桌子旁，不如说大家坐在一起聊天。家庭晚餐是温情和温馨的。许多荷兰父母把家人在一起吃饭视为一条基本规则。我的荷兰朋友安妮，搬到伦敦后也注意到了这种文化上的差异："这里让我吃惊的是，家人居然经常不在一起吃晚餐。孩子们会自己先吃儿童餐（鱼肉条、烘豆等），或许会有一位家长在场，但孩子经常坐在电视机前吃饭。作为传统，荷兰的家庭成员会一起吃饭，一起相互聊聊今天发生的事。荷兰的孩子们与成人聊天更加自如。"

在美国进行的一项研究表明，家庭进餐方式是儿童未来发展情况的一项强有力的预测指标。每周至少五次与父母在一起的孩子，到了青春期，他们不太可能吸烟、酗酒，使用大麻，参与严重斗殴，发生性行为，或被停学等。他们在学校的表现更好，并且更有可能上大学。

尽管有着基本的餐桌礼仪，但是荷兰人在吃晚饭时很少讲求礼节。这会使得谈话更加容易。在 16 世纪，哈德良·朱利尔斯（Hadrianus Julius）被委托撰写第一个有关荷兰人身份认同方面的研究。他的观点是，"对于更高形式的文明而言，荷兰人会显得太过直率而粗鲁"。何尔曼·普莱还提到，荷兰从历史上来看，就缺少宫廷礼法。荷兰没出现过荷兰王朝，而有着权力分散的政府结构，因此荷兰人不会墨守礼法。他们认为那些特别正式的理解都是无意义的。普莱解释说："我们发现礼节是完全没有必要的。我们更喜欢尽快谈正事，而不要把时间浪费在无意义的礼节上。"尽管有一些基本的餐桌礼仪需要遵守（正如瑞娜在前面解释过的），这些规矩都不应当有碍于大家展开愉快的谈话。

正如鲁特·维恩霍文教授在交谈过程中，如我们所描述的那样，与法国家庭共进晚餐的场景相比，荷兰家庭的晚餐会是多么不同。让我们停下来想象一下这样的场景。现在天色已晚，餐桌上摆着精致且复杂的食物，而法国的孩子们被期待坐在桌旁，像成人一样优雅地进餐。让我们穿越国界来到荷兰，你会看到荷兰家庭会早早地开始吃晚饭，食物十分简单，孩子们会和父母聊聊今天发生的事。哪个孩子不喜欢这样的晚餐？荷兰家庭的进餐方式有助于家庭成员之间展开愉快、坦率的对话，但也会有着明确的规则和边界，因而这里的孩子会更快乐。

Chapter 12

"大问题"：让我们聊聊性

　　这里的父母，并不会在一个所谓的关键时刻向孩子进行介绍与解释，只是持续地回应孩子对身体发展的好奇心，侧重于对官能及性征的介绍，并明确地告诉孩子有关尊重和边界的问题。

米歇尔：如何回答"尴尬"的问题

　　我一直饶有兴趣地关注着荷兰作家皮娅·德蓉（Pia de Jong）所写的报纸专栏。她现在和家人一起居住在新泽西州的普林斯顿。从相反的角度去思考文化冲突总是令人着迷的：荷兰人是如何在国外生活的？毋庸置疑，美国在某些方面与荷兰截然不同。最近，皮娅写道，学校要求她签字承诺，她会与自己十几岁的女儿讨论关于节制性交的话题。她接着解释说，有些国家坚持认为，关于避孕的所有信息都应该侧重强调关于性行为的负面性以及不健康的后果。性行为可能使你得病，所以唯一的安全选择是不发生性行为。

　　然而在荷兰，人们对待青少年的性行为似乎非常宽容。荷兰青少年首次尝试性行为大多在父母的家中——这个安全的环境里。研究表明，虽然荷兰社会及家长更为宽容，但相比于其他欧洲国家或美国，荷兰的青少年并没有更早发生性关系。罗格斯大学的研究发现，当荷兰青少年第一次发生性关系时，平均十个荷兰青少年中会有九个人使用避孕用品。据2013年联合国儿童基金会的报告显示，75％的荷兰青少年在首次性行为时会使用避孕套。来自世界卫生组织的数据同样显示，荷兰青少年使用避孕药的比率排名靠前；因而在荷兰很少出现少女怀孕的情况。

　　这种情况在英美等国并无太大差异。美国15～19岁之间青少年的怀孕率位居所有发达国家的榜首。美国、新西兰、英格兰和威尔士占据了排行榜的前四位。我想知道有多少英国和美国的孩子是在自己家里失去了童贞。

　　当然，性行为是一个微妙且尴尬的话题。"不要谈论性，因为我们是英国人"，这就是我长大的环境。谈论到跟性有关的话题时，大家总是含含糊糊，抑或使个眼色，甚至会冷嘲热讽。你不能公开谈论它，更不会和自己的父母进行讨论。性教育只是你在学校里上过的那门令人尴尬的生物课。这门课发给学生一本配有鸟和蜜蜂图片的扭捏作态的书，简直就是现如今《威利去哪儿了》（*Where Willy Went*）的老版本。我非常确定自己从来没有跟母亲讨论过任何与性有关的话题。我所了解的大部分跟性有关的知识来自一个比我大的女生。有一次上游泳课的时候，我们躲在了一间更衣室里，她向我讲述了生活中所有血淋淋的事实。当我进入青春期时，我父亲曾在我床边放了一堆关于避孕的宣传单，但是没有向我当面提起过这些。然而在这里，荷兰父母给予孩子性教育的方式让我深受启发。这里的父母，并不会在一个所谓的关键时刻向孩子进行介绍与解释，只是持续地回应孩子对身体发展的好奇心，侧重于对官能及性征的介绍，并明确地告诉孩子有关尊重和边界的问题。

尽管学校会安排符合孩子年龄的关于亲密关系和性行为方面的课程，但是父母不会对孩子有任何隐瞒，也没有任何话题会被禁忌。这意味着，父母要结合孩子的理解水平和发展程度，简单、诚实地回答孩子提出的任何问题。这是我从其他荷兰父母那里获得的第一点建议。很多人向我提及了这种务实的做法。我已经记不得第一次听到是在何时何地了。

春烧周

"春烧周"（Lentekriebels）按照字面意思的（也是更为有趣的）翻译是"春季发痒周"。每年春天，荷兰小学会面向4~12岁的儿童，开展为期一周的全国性教育活动。年龄较小的孩子们会参加诸如恋爱等话题的课程。大一些的孩子会学习有关他们的身体变化以及社会性和情绪情感发展等方面内容，还会谈论建立在彼此知情会意基础上的安全性行为。

该课程包括以下目的：

◆给予孩子一个积极的自我形象，提高他们在人际交往和两性关系方面的技能。

◆确保青少年在进入青春期前，能够很好地掌握与性相关的知识，以降低风险。

◆引导他们思考友谊、爱与人际关系，而不仅局限在身体变化和生殖发育。课程还会向他们介绍安全性行为的相关准则。

我最近问我的嫂子萨宾（Sabine），她是如何应对孩子们这类问题的。她是一名时装设计师，居住在海滨城市海姆斯泰德（Heemstede）。她最小的孩子已经 17 岁了。她说，"我们一直都会跟孩子们大大方方地谈论性，但老实说，我从来没有真正坐下来跟他们解释过这一切。大多数时候是通过直接回答他们胡乱提出的各类问题而展开的"。

保健中心发给十岁孩子家长的青春期指南提到，与父母关系良好的儿童通常会较晚发生首次性行为。有意思的是，这本书中从未出现"未成年性行为"这个词。关于性行为的最低法定年龄，荷兰和英国一样都是 16 岁，但接近法定年龄的青少年自愿性行为另当别论。

第一次搬到阿姆斯特丹时，当听说荷兰父母允许他们青春期的孩子留异性朋友在家过夜时，我感到十分震惊。然而这却与倾向于表现出宽容态度的荷兰文化相契合。例如，荷兰人对软毒品和卖淫表现出同样的宽容，在接纳的基础上加以控制。荷兰父母允许青少年的性行为，但更希望这发生在一个受约束的环境中，也就是在父母的屋檐下。在一个安全的地方，性行为往往会更加安全。

我们清楚这一点：荷兰家长的态度并不是"任由事情发生"。这还需要有遵守的规定，并建立在父母与子女之间所达成一致的基础上。

萨宾告诉我说，她告诉过自己的每个孩子，她还没有准备好成为一个祖母，所以他们应该理智些。"我经常对孩子们说，如果她或他在白天时已经来过家里了，让我能够认识他们，那么这个人可以在家过夜。不要在半夜带个陌生人回家。也许我有点老古董，但我不喜欢在早餐桌上突然与一个从未见过的年轻人面对面。"

实际上，事情进展得相当简单。她有两个儿子，大儿子已经19岁，还没有把女朋友带回家，而她21岁的女儿在过去几年一直维持着一段感情关系。"他们已经在一起好几年了，但是一开始她的男朋友不会在家过夜。有一天晚上，他和一个朋友喝醉了酒，在凌晨三点钟的时候，顺着她屋外的排水管爬上来，爬到了阳台上。这实在太危险了。但是我的女儿按照自己一贯的作风，把他们从前门送了出去。"

我还询问了另外一位荷兰朋友。她要求保持匿名，从而不让女儿感到尴尬。她告诉我，女儿在15岁时，曾服用过避孕药。尽管我的朋友知道了这件事，但对此没有过分干涉，"不过，他们确实没有那么糟糕"。不久之后，她的女儿和第一个男朋友开始了交往，那个男孩和她的女儿同龄。"这样的话，事情会相对简单些，就像他们两个人共同探索一件事情。我曾担心那个男孩比她大得多。"她的女儿那时还不到发生性行为的最低法定年龄，而她的男朋友也是同样的年龄，所以这件事情并没有违法。大约两个月后，她的女儿告诉她，那个男孩会在家里过夜。我的朋友不介意——她猜想他们会发生性关系，而这在自己家里会更为安全——但是她的丈夫在更加保守的南部地区长大，过了很长时间才接受这件事。我问她怎么告诉女儿与性有关的知识。"没有一个特别时间专门谈这件事。他们从书籍和电影中已经了解了很多。我认为这种独有的文化是从斯堪的纳维亚半岛传播过来的。"我同意她的观点：荷兰孩子所阅读的有关性和亲密关系方面的图书，比英美国家的同类图书更加详细。我八岁的女儿刚刚读完了一本针对 7~9 岁儿童的性教育类书籍。这本书的主人公是一个小男孩。这个小男孩的妈妈已经离婚了。书中有这样一个场景：有一天，小男孩无意中发现，他的妈妈正在和新交往的女朋友在卧室里发生性关系。

历史上的性开放

一本由伊内克·斯托肯（Ineke Strouken）撰写的关于荷兰传统的书，让我更加深入地理解了荷兰人是如何发展出如此健康和接纳的性态度。荷兰人长期以来一直对性抱以开放的态度，允许男人和女人自由选择他们的伴侣。闪电约会（speed dating）并不是一项现代发明——早在 1573 年便开始流行。荷兰人曾举办各类非正式的集会，如"少女市场"（maidens' marktets）和"征婚者市场"（suitors' markets）等，年轻人可以在此遇到合适的伴侣。两个人的交往会相当直接，他们在见面的第一天可以坐在沙丘上亲吻和爱抚，甚至紧接着就会有一场求婚。直到 20 世纪中叶社区里设立一个专门供恋人们聚会的地方，例如教堂后面的小路上。也许还有一场"臀部的夜晚"（billenavond）的活动，你可以亲吻任何佩戴紫罗兰的女孩，并不需要得到她的允许。

在十七至十八世纪的下层阶级中，"夜间求偶"（Nachtvrijen）是一个常见习俗。那时候，男孩从女孩的窗户上爬进去和她发生性关系，这似乎是很正常的。（大概我侄女的男朋友听说过这个习俗，抑或他一直在读莎士比亚。）在黄金时代的荷兰国内风俗画画家的作品中，尤其是扬·斯蒂恩（Jan Steen）的作品，这种精力旺盛的行为也是极为常见的。在第二次世界大战结束时，荷兰女性在光复日那天相当主动的性行为，让那些美国北部的士兵深感震惊，以至于要就此发布专门的指导方针。这就是荷兰人如今为何以自由开放著称的一些历史背景。

棘手的问题

我的孩子们都是好奇型的。我的儿子本，尤其特别想知道一切。几乎在他们刚能说话的时候，我就在回答他们关于解剖和生殖方面的问题。这导致了一些非常尴尬的时刻。当他的妹妹艾娜出生时，本非常高兴，并自告奋勇要帮妹妹更换尿布。那时我那两岁半的儿子开始对女性生殖器感兴趣，因而我向他解释了这些部位有什么不同，并告诉他每个部位所对应的名称。然后他想知道各个部位的用途是什么。后来，在一个文雅的场合，他突然问："妈咪，我坐在你的腿上，伤害你的阴蒂吗？"这引来了许多笑声，而不是尴尬（除了我自己）。

住在阿姆斯特丹，我们已经多次走路或骑车，不可避免地路过坐在红色窗户后面的妓女们。随着年龄的增长，孩子们对此越来越感兴趣，但是后来会逐渐淡漠。我们一起阅读了有关妓女缴纳税款、贩卖人口和现代奴隶制的文章。接着，我们就卖淫的是是非非展开讨论，关于童婚的问题也进行了讨论。女儿对此有令人惊讶的鲜明观点。我的孩子们了解了事情的原委，对与性相关的事件持有开放包容的看法，但他们知道有些事情是错误的。他们知道恋童癖是什么。正如本所说，这些人患有疾病，需要被帮助，而不是被排斥。

在小学时，我的孩子们会参加有关身体亲密和个人界限等主题的课程。这对于强化他们自身的观念很有帮助。一旦你对任何事情感到不舒服，你都可以说不，无论是与性相关的情境里，还是在玩耍的过程中。事实上，向我的孩子最难解释的事情并不是与性相关的，而是文化上的。成长在一个不是以宗教为主的文化中，我需要付出更多的努力向他们解释宗教信仰的问题。在这个奉行平等主义的社会中，阶级又成为另一个在他们大脑中一片空白的概念。"妈咪，'上流社会'是什么意思？"

在进行了关于精子捐赠者的谈话后，我和本一起上网浏览了男性和女性的裸体照片。这引发了我们对于色情杂志的讨论，以及他们身材如何这个问题的讨论。我一直严格地遵循着开明、不矫饰的处理方式，有时会担心自己把荷兰式育儿做过了头。对于即将成长为一个完全发育成熟的青少年，儿子最近几年对此一直深感顾虑。他最近提出的问题包括：性爱有趣吗？怎么样？男同性恋者究竟会做什么？精子捐赠者如何取出精子？如果他们不知道自己喜欢男人还是女人，他们会购买什么类型的杂志？你小的时候，是如何手淫的？这就是为什么有时候你会渴望别人把这些事情解释给你的孩子，而不是必须要你亲自去做。这正是凯瑞博士从事的工作，她供职于一家荷兰电视机构。

由凯瑞博士主持的节目在每周日的下午六点十五分播出，主要针对9~12岁的儿童。这是一个半喜剧、半纪录片形式的节目，（激起易怒的）青面獠牙的凯瑞博士与青少年、名人嘉宾谈论着性，并借助塑料模型、卡通图片来解释这些事情，涵盖的话题包括：性感、同性恋、避孕套、青春期、性行为、网恋、谈恋爱、设立边界、裸体、手淫和亲吻等。节目通过一种没有任何限制但严肃认真的方式，希望能够带给孩子们愉快的同时，让孩子们更好地了解与性相关的内容，从而能够负责任地行事。本和他的朋友们几乎看了每一期节目，但是艾娜更喜欢看别的节目，比如足球。在我看来，她还没有准备好接受这些内容。

博物馆的性展览

一天，本所在的学校要进行教师培训，所以他的一个新朋友建议他们五个人一起去科学馆。尼莫博物馆（NEMO）坐落在隧道顶部，需要从阿姆斯特丹市中心坐车到北部郊区。这是一个充满交互式科技展览的儿童科学博物馆。我在他这个年龄肯定不会在没有大人陪同的情况下自己去，一直都受到保护。在我居住的地方，没有任何令人兴奋的博物馆。这些在城市里长大的孩子们敢于在没有父母的陪同下外出，急切地想要去参观这家博物馆。

我以前去过这家博物馆。它确实非常具有互动性。你可以走进一个巨大的肥皂泡，利用液压使你所乘坐的电梯工作，或者把一个巨大的电子电路串联在一起。我知道，那里有一个名为"青春期的事实"的教育展览，可以亲身实践，让你能够感受到法式亲吻，例如把你的手放在一个装在盒子中的袜子玩偶里，让另外一个人从对面也做相同的事情。我问本是否打算上楼（楼上有一个类似性用品商店的展区），他回答道："当然会。"

当他们回来后，我试探地问本，他对与青春期相关的展览内容有何想法。"妈妈，我已经明白了跟青春期相关的大部分事情。我的意思是，我知道了外阴究竟是什么。"当我询问与性直接相关的展览时，他看起来略带歉意。"我们真的不太喜欢那些。那里有避孕套，我以前没有见过，只看过照片，而且还有假阳具。哎呀！"他有些不好意思地承认，他们快速浏览了与性爱玩具相关的展区。"我们几个人对这些都不太感兴趣。我认为这是为更大一些的孩子们设计的展览。"

那么，让每个人如此担心的究竟是什么呢？当兴趣得到满足时，儿童通常能够处理与自身年龄相符合的信息。如果没有保密、羞耻或尴尬等围绕着这个话题，孩子们会决定自己想要知道多少。研究表明，所设立的有关性方面的禁忌，会导致性观念固化和一种"禁果"情结。还有研究曾提出，偷偷的、仓促完成的手淫可能会导致身体失调，例如程序员在年纪变大后往往会有早泄的问题。没有人希望自己的儿子会这样。

我还认为最好不要教孩子们对他们的裸体感到尴尬。在特别热的天气里，小孩子们在我所在的街道上光着身子玩耍。去年夏天，艾娜和她的朋友蒂恩仍会脱去衣服，在菜地间的戏水池里一起玩耍，那时他们已经八岁了。一个男孩和一个女孩在一起天真地玩着水。多么快乐的孩子们！

性别问题

即便在荷兰，我的两个孩子在个人品位和爱好方面，谈不上是他们所属性别的典型表现。例如，三岁时，本从幼儿园回到家中，他问自己是否可以开始上芭蕾舞班。跟他经常在一起玩的一个小男孩上了芭蕾舞班。八年后，本和当年那位朋友安格斯（Angus）仍在同一所芭蕾舞学校，并且都在准备切凯蒂（Cecchetti）四级考试。在这个舞蹈班里，其他男孩子总是来来去去。恩斯特（Ernst）是他们当中的一个男孩，成为了欧内斯塔（Ernesta），并加入了女子芭蕾舞班。倘若回到音乐剧《舞出我天地》中小男孩比利·埃利奥特（Billy Elliot）所在的国家，这些孩子们会有着怎样的境遇？我的表妹有三个女儿，她们都在竞争舞蹈表演的角色。她告诉我，男孩子们在舞蹈表演方面会受到热烈的欢迎。但这些男孩子们大多在九岁左右就放弃了，她觉得这是受英国主流的足球文化所影响。"我觉得这跟他们的爸爸有关。他们希望自己的儿子踢足球。如果他们没有这么做，就被认为有点奇怪。"

有理论表明，兄弟姐妹会发展出与彼此截然不同的品位和爱好。也许这就是四年前我女儿加入足球队的原因。她目前是一个男子运动队中唯一的女孩。当本正在了解自己阴性的一面时，艾娜这个假小子一直都倾向于和男孩子玩耍。尽管她也喜欢跳舞，但拒绝参加女子芭蕾舞班，就加入了男子班（避免性别歧视）。舞蹈标准对她来说实在太高了，因为其他男孩都比她年龄大。

我听说如今在英国国内，性别营销已经成为一个与性别相关的重要话题。在大西洋的两岸，关于性别的争论一直在激烈地持续着。男孩和女孩的玩具与衣服在过去的几十年里逐渐两极分化为粉红色和蓝色，对于这种方式合理性的批评始终存在。男孩要成为超级英雄，女孩则要做公主。关于在童年时期把女孩公主化的影响，以及与女孩过早性别化的关系，在英国的妈咪网（mumsnet）上充满了愤怒的讨论。在 2010 年，该网站推出了一项名为"让女孩成为女孩"的运动。这个运动旨在"通过要求零售商承诺不出售那些强调或利用性别倾向的商品，以此遏制儿童过早的性别化"。塔吉特（Target）是一个深受喜爱的美国零售连锁公司。这家公司在 2015 年宣布将停止把它们出售的玩具标注为男孩或女孩。这一决定得到了一方的拥护与掌声和另一方的抱怨与抵制。

在一篇由《每日电讯报》于 2007 年发表的文章中，记者莎拉·沃马克（Sarah Womack）描述了"受损害的一代女孩"。她甚至指出联合国儿童基金会首次发布的关于儿童福祉的研究和性别营销之间的联系，英国儿童在该项研究中的排名垫底，"在发达国家中，英国儿童是最不快乐和最不健康的"。美国心理学会曾指出："不当的营销方式正在导致儿童被一个消费型社会所性别化。"但荷兰也存在玩具被贴上性别标签的现象。在一个五岁孩子的化装舞会上，你会遇到很多公主和海盗，玩具店也会划分为粉色和蓝色区域。然而在荷兰，那些稍大些的孩子们在偏好或着装品位上似乎并不存在两极分化的现象，而且他们年轻时看上去也不会过于性感。

我把这种差异归结为青少年流行文化的缺失。荷兰女性太过自信和胸有成竹，以至于男性根本无法将她们变成那种傻白甜的姑娘。在荷兰，厌恶女性和把女性物化（objectification）的问题，并没有达到英国那样的程度。如今我每次回到英国，都会惊讶于英国女性竟会在化妆上花费那么多心思。我不得不说，在荷兰同样会有粉色玩具和蓝色玩具，但荷兰的孩子们有着更为健康的性别角色榜样。女性是强大和务实的，而男性会欣然承担洗衣和育儿等家务，并把这些看作自己身为父亲不可或缺的职责，这样的女性和男性在荷兰随处可见。"同志骄傲大游行"（Gay Pride）是一个存在已久的大型公共活动。同性恋在这里很少会遭人白眼。同性婚姻自2001年以来已经被合法化，由两个爸爸或两个妈妈结合而成的家庭得到正式承认。孩子们从小就能够接触到所有性别模式。

当我们在阿姆斯特丹图书馆跟政治学家和女权主义者罗斯·沃特斯（Roos Wouters）见面时，我发现她的孩子有违于典型的性别模式。她说，"我有一个女孩子气的男孩，和一个男孩子气的女孩。我的儿子从小就非常喜欢粉红色。因为他想要，所以我就给他买了粉红色的睡衣。这并没有什么问题。我的女儿一直更喜欢积木、汽车这些玩具，她对那些跟公主相关的东西向来不感兴趣。现在她 11 岁了，仍然穿着男孩子的衣服，但已经把头发留长了。她身边的其他孩子已经不再把女孩和男孩看作截然不同的两类，所以我想她已经觉得自己不再需要竭力反抗了"。

我们最后讨论了什么能够抵消玩具和服装性别化的负面影响。在荷兰的中学里，你经常看到戴着首饰、穿着粉色或花卉图案的男孩，还有很多穿着牛仔裤并且很少化妆的女孩。我们似乎只能得出一个结论：正是那些实事求是、讲求着装实用性的荷兰家长，为孩子们提供了良好的成人角色榜样。

Chapter 13

青春期：不叛逆的孩子

信任与幸福感是相关联的。信任对于幸福感而言，是一个重要因素。家长必须要建立自己与孩子之间的信任关系。"当他们长大，变得更加独立，你必须要相信他们能够自己骑车到学校并安全回家。你必须相信他们不会做任何愚蠢或危险的事情，他们会为自身安全和自己的行为负责。你对孩子的信任程度要随着孩子年龄的增长而增加。孩子越大，你就要更快地放手，让他们走得更远。"

米歇尔：思考未来

我的儿子本在不经意间长大了，周围的朋友见到本，总会忍不住惊叹："本都长这么大了！"尽管他还没有进入发育高峰期，但青春期已然来到了。他的颧骨和下巴的棱角越来越明显，肩膀变得更宽。他也变得更加独立自主。在小学阶段，孩子们放学后能够参加各种各样的课外托管服务，诸如政府给予补贴的课外社团。升入初中后，那些 12 岁的荷兰孩子就需要自己骑自行车去上学，还要在父母下班前在家独自完成作业。

只要一想到未来几年将迎来变化，我就更有意识地让自己保持轻松的心态去养育孩子。随着荷尔蒙激增的青春期到来，如今的平和与宁静是否会就此终结？本开始时不时让人感到恼火，青春期的降临显然已经影响了他的心情。尤其到了周末，当作息时间不再固定，他很容易变得心烦意乱、脾气暴躁。像大多数家长一样，我担心青春期究竟会带来什么，担心孩子是否还会向我敞开心扉。我希望儿子还会向我倾诉他的心事。这是他一直以来都会做的。

好在跟荷兰青少年接触的亲身经历，无不让我感到乐观。我丈夫的姐姐比我大十岁。她有三个孩子，两个男孩一个女孩。跟大人在一起的时候，他们总是开朗、友善，还从没见到他们动不动就发脾气或是闷闷不乐。我们请过很多十来岁的孩子来帮忙照料宝宝，他们都非常友爱。给我们送报纸的 15 岁男孩，总是面带着微笑，十分友善。

我究竟该怎么做才能让本也成长为一名快乐友善的少年，就像我周围遇到的那些荷兰少年们一样。他们穿着时尚但并不性感，而且看起来十分自信。他们似乎并不需要通过跟长辈对抗的方式来获得自身的存在感。难道只是文化的魔力吗？这里的青少年们的确跟我在英国看到的那些穿着过于性感和暴露的孩子们很不一样。在英国，尽管有大量关于校服样式的争论，但那些穿着校服的孩子们仍感到不得不在校外用些极端的方式才能捍卫自我。至少这是我作为一个女学生的回击方式——我会画着浓妆，戴上各式链子，再穿上全黑的、被撕烂的衣服（14岁的我确实显得有些荒唐）。在荷兰，学校不统一服装，但是孩子们却都穿着相同样式的衣服：牛仔裤和运动鞋。在学校，本从没有碰到过同学因为穿着而被欺负的事情。

当我给母亲看本所在的新班级合影时，她恍然大悟，还以为这些孩子们都穿着校服呢！然后，她费了一番工夫去数了数班里有多少男生和女生，因为这很难一眼就分辨出来。这些孩子们的发型和着装大多比较中性和相似。这似乎是因为让他们为自己挑选衣服时，他们的选择会很务实。或许是因为不存在统一的校服，这些孩子便不需要去维护他们的个性，或是去证明些什么。在一个把性看作很自然的社会里，青春期的孩子们对于性又都相当了解，他们便不再需要用那些不合时宜的，甚至带有挑衅意味的方式了。或许规定越少，反叛越少？就外在表现而言，荷兰青春期的孩子们看起来并不叛逆。

整体而言，荷兰人并不叛逆。他们以节制的个性久负盛名。难道节制的人会更快乐吗？如果你是一个循规蹈矩的人，这会让你更容易满足吗？如果你已经是一个很快乐的人，你就不需要去挑战规则？还是作为荷兰人就意味着要四平八稳，绝不让那些狂热的行为发生在自己身上？像德国人和斯堪的纳维亚人一样，荷兰人简直就是那些热情四射的南欧人的反面。但是我突然想到了荷兰人喝啤酒的文化传统，以及在荷兰南部举行的狂欢节①，还有那对于足球比赛难以抑制的狂热。显然，荷兰人并不是每时每刻都那么严肃和理智。

西蒙·库珀（Simon Kuper）曾在《金融时报》上发表过一篇颇具洞察力的文章。文中对比了荷兰家庭和美国家庭教育青春期孩子的方式。作者解释了荷兰家长如何为孩子创设"规则区"，在这里青少年式的探索行为是被容忍的，但是需要父母监督和控制，例如家长允许青春期的孩子在家里发生性行为。"荷兰父母对待青少年性行为的态度就如同荷兰社会对待毒品和卖淫——允许接纳、密切关注、保持控制"，文中这样解释道。相比而言，美国家长则试图通过严厉的干涉来强迫青春期的孩子行为得当。但这却导致了一种恶性循环，诸如吸食违禁药物和滥交等不被社会所接纳的行为被驱赶到地下，反而对青少年来说更具诱惑，正是因为这些行为是被禁止的。库珀继续写道，"荷兰人用了所有力所能及的方式让青春期的性行为和毒品都看上去很无聊，美国社会的保守派应该试试看"。

最近在我们的某次定期聚会上，我碰巧跟两位移居到这里的翻译伙伴讨论到荷兰的青少年。一位朋友提起，她看到一个青春期的姑娘和妈妈手挽着手一起逛街，这让她感到无比惊讶。另外一位朋友则提到，在她看来，这里的孩子们在小的时候会被给予充分的保护；但到了差不多12岁时，孩子们就会被给予充分的自由。这和英国不同。"从某种程度而言，英国的青少年尽量少跟他们的父母在一起"，她补充道。这让我回忆起自己的青春期

---

① 该节日为 Mardi Gras，可称作油腻的星期二或忏悔节，是基督教教会年历的大斋期（圣灰星期三）的前一天。在许多地方，人们通过狂欢节、化装舞会和化装游行的方式来庆祝这个节日。——译者注

时光，仍能记得妈妈好不容易对我放松一点时，却仍要向我塞来一堆要求，而且这些要求根本没有讨价还价的余地。家长们通常被视为敌人。"根本不像这里，这里的孩子们会跟父母一起活动，还能跟父母一起开心地去度假。"这句话引起了我的共鸣：作为一个青春期的孩子，与家人一起外出度假对我而言简直就是一场噩梦，我15岁以后就绝不参加了。

上周末我翻阅论文时，被宝马汽车的一则广告吸引住了。广告呈现了一个金发碧眼的荷兰家庭——一家五口，其中最大的孩子比他的爸爸还要高上几厘米。照片呈现了全家人一起外出吃饭、比赛滚球、开车兜风。尽管这只是一种理想家庭状态的投射，但青春期的孩子完全融入家庭生活依然被看作一种理想状态。也就是说，事情并不都是如此美好。荷兰父母也会抱怨他们青春期的孩子们，还会用一种可以看见的方式。专栏作家西尔维·亚威特曼（Sylvia Witteman）就在推特上抱怨道：

> 发布于2014年7月11日，晚上7:02。我的家里住着一群青春期的孩子。他们接连几天都是一副"冷漠无情"的样子。

英荷纪录片制作人珊妮·伯格曼（Sunny Bergman）在博客上抱怨着她和青春期孩子们的矛盾。在抚养孩子的过程中，她坚持无糖饮食，给孩子们读阿斯特丽德·林格伦（Astrid Lindgren）的童话故事，还会来些深沉的哲学式对话。但结果是，孩子们痴迷于视频网站上的视频博客和那些低劣的音乐。

> 这是一则给所有正在抚养小孩子的家长留言：你们可以尽己所能去养育孩子，但是到头来仍可能是一

场空……猝不及防地，那些童话般的小婴儿长成了青少年，慵懒地躺在沙发里，死死地盯着他们手中的屏幕。他们需要用手机来跟同学沟通和讨论作业。只要他们可以，就会一刻不停地盯着那些视频博客。

伯格曼继续解释着这些视频博客博主们喜欢做的事情，比方说，躺在装满由赞助商提供的汽水的浴缸中，演示如何用除臭剂在自己的手腕上留下烫伤的痕迹，或如何通过先吃香蕉再喝雪碧的方式来让自己呕吐。对我来说，这些听上去都是青春期孩子所特有的行为。这着实让我松了口气，原来那些懂事的荷兰青少年在自己家里的私密生活其实也相当正常。然而他们在公众场合的表现，还是需要给予解释。不管怎样，荷兰的父母们究竟做了什么，才能跟他们处在青春期的孩子保持如此良好的关系？难道是因为他们高度容忍？我觉得要在这个问题上寻找一些养育建议。

我收到的第一份建议是不请自来的。在荷兰，所有10~11岁的孩子都需要到所在社区的保健中心进行一项关于健康和成长状况的检查。本在快到11岁的时候，被喊去做检查。我们排队等了好几个钟头才轮上。接待我们的女护士，有些上了年纪，穿着时尚艳丽，让我不禁想起嬉皮士商店里卖的那些印度风情的服饰和熏香。我很快就明白为什么她的进度会比计划安排慢了很多。她着实是一个话匣子，花了相当长的时间来询问本的兴趣爱好。我和本始终都搞不清楚，这个冗长的前奏究竟只是闲聊，还是在进行某项心理测试。我们迷惑不解地相互看了看对方。

本收到了自己的检查和评估结果。在学校，孩子们对这项检查感到非常兴奋，因为检查结果预测了他们会长到多高。本

刚好达到了荷兰人身高的平均水平，被预测会长到 6.1 英尺
（184 厘米）。对于一个仅有 12.5% 荷兰血统（一位带有一半荷
兰血统、一半德国血统的祖父，一位匈牙利血统的祖母和两位
英国血统的外祖父母）的男孩来说，这个结果还不错。别忘了，
母乳说不定也发挥了功用呢。当这项检查结束后，那位护士用
一种颇具戏剧感的方式问本："好了，你知道接下来会发生什么
吗？"本看起来被吓了一跳。她究竟想干吗？她打算对本做些什
么？再打些预防针吗？

　　她旋转了下椅子，朝向自己身后的柜子，取出了一本红色
的书，然后递给了本。书的封面上赫然写着三个大字——"青
春期"。

　　"没错！你接下来就要经历青春期啦！"她说道，如同宣布一
场惊喜派对。

　　本看起来有些困惑，递给了我书和一份印有生殖器发育插图
的小册子。他更喜欢那张写着"目标身高：184 厘米"的小卡片。
随后，当我翻过卡片，"青春期"三个字醒目地写在卡片上，就
是要确保你不会把它忘了。这本青春期指南的开头这样写道。

　　亲爱的家长：

　　　　您的孩子已经进入了青春期。在青春期，他们将
　　迎来一个全新的身份。他们逐步发育为成年人。这种变
　　化不仅体现在身体上，也体现在情绪情感以及思维方式
　　上……很多家长会感到青春期是一个棘手的阶段。但是
　　您对于孩子世界所抱有的兴趣以及给予孩子的支持，仍
　　然是相当重要的。

　　这本书里有很多我以前并不了解的有用信息。例如，在发育

高峰期，孩子们眼球的发育会导致眼痛和头痛，以及这些青春期的男孩和女孩，开始刮去自己的阴毛（我迫不及待地希望看到本剃去他的首次"巴西式"阴毛）。这上面还有关于什么时候需要给孩子请病假的建议：只有当他们体温过高（超过38℃），而不是当他们稍感肚子痛和头痛时就请假。而卫生局却主张，当孩子出现这些症状时，最好不要去上学。

指南里建议父母不要对孩子们选择穿奇装异服而指指点点。因为你的指指点点，会让他们希望用更加离奇的穿着方式来强调他们的自主性。这种尽量回避正面冲突的做法，让我想起了我的朋友海伦和汤姆斯（Thomas）曾告诉我的话。他们向我提到过，在荷兰通常会避免用"不可以"这个词。指南里还指出父母以身作则是多么的重要。如果你只是说一套做一套，青春期的孩子们很快就会发现。"当然，父母也是人，难免有时候会犯错误。但是大多数时候，家长需要给孩子们树立一个好榜样。否则，所有这些关于家长教养方式的谈论都会变得毫无意义。更为重要的是，父母的做事方式和行为规范会留在孩子的头脑中，影响孩子的一生。"

这里还有如何鼓励孩子讲卫生的建议。我觉得本已经到了这种地步，如果任由他随心所欲，我想他根本不会去洗澡。从情绪发展的角度来说："如果父母们能够对他们报以清晰和现实的期待，并且尊重他们的独立与自主，这些青少年就能够在成长过程中保持情绪稳定。"这说得很对。

家长应当鼓励信任自己的孩子。

青春期的孩子通常不再需要你去批准他能做什么了。调查研究已经表明，大多数青少年不会和坏人交往，不会去吸食毒品，也不会油嘴滑舌。相反地，大部分青少年乐于待在家里，很爱自己的父母。代沟并不像你想的那样严重。

荷兰孩子跟父母关系普遍很不错。联合国儿童基金会于 2013 年发布的调查报告里，关于儿童生活幸福度的部分中明确得出，良好的家庭关系对于孩子主观幸福感的提升是最为重要的因素。然而在法国，每四个青春期的孩子中就有一个认为自己跟父母沟通困难。

若干年前，这个低地国家的青少年也曾跟自己严厉的父母产生冲突，例如在 20 世纪 60 年代还发生了青年反抗运动。如今，代与代之间的冲突已极少出现。随着社会不再那么专制与独裁，家庭生活也变得更加民主。现在已经没有太多事情需要反抗了。

信任

我决定将理论与实际生活中发生的情况进行对比。同以往一样，我先打电话给我的嫂子萨宾。关于青春期孩子的教养方式，她认为首先需要强调的是："与孩子们保持对话，这是我始终相信的一件事。我反复告诉他们某些行为导致的后果，例如使用毒品、酒精以及社交媒体等。然后我给予他们信任。更为重要的是，我要让他们意识到我能够对他们保持信任是多么重要。"

研究表明，信任与幸福感是相关联的。信任对于幸福感而言，是一个重要因素。萨宾告诉我，家长必须要建立自己与孩子之间的信任关系。"当他们长大，变得更加独立，你必须要相信他们能够自己骑车到学校并安全回家。你必须相信他们不会做任何愚蠢或危险的事情，他们会为自身安全和自己的行为负责。你对孩子的信任程度要随着孩子年龄的增长而增加。孩子越大，你就要更快地放手，让他们走得更远。"

我问萨宾，她给自己青春期的孩子们定下了哪些规矩。对她来说最为重要规矩竟是，下午 5 点之前不要有诸如看电视、玩电脑的屏幕时间（如看电视、玩电脑的时间）。她觉得这个规矩会鼓励孩子们去户外玩耍或者做家庭作业，"坦白地说，有点无聊对他们来说也不坏！"除此之外，她对于自己青春期的孩子必须什么时候回家并没有做严格规定，而是取决于他们自己的计划。总的来说，她希望孩子们 6 点前回到家吃晚饭。

荷兰父母的普遍看法是，规矩应该由父母和孩子一起制定，并且双方都认可其合理性；对话是关键。虽然 20 世纪 60 年代的青年革命开创了一个倡导宽容和反对专制思想的年代，但如今钟摆却摆了回来。如今，荷兰父母会切合实际设定一些界限，但是会与他们的孩子进行协商。在《骄纵社会下的教养方式》（*Parenting in a Pampered Society*）中，作者莫杰克·毕斯乔普（Marijke Bisschop）认为，规矩太少会导致孩子们被宠坏。许多其他育儿专家也同意这一观点。

在她看来，父母应当鼓励孩子变得独立，成为一个自力更生和具有责任感的人。青少年需要学会自己解决问题，对自己的行为负责。很重要的一点是：你的问题并不总是因为别人，往往源于自身；如果你想要做出改变，你应该从自己开始。她还提到，许多家长往往把标准设置得过高。对孩子的期望不应该是不现实的。溺爱孩子，或是成为"直升机家长"①，总是强迫孩子做事情，无时无刻不监督着孩子，把孩子的日程表排得

荷兰育儿法：养育全世界最快乐小孩的秘密

---

① "直升机家长"（Helicopter parent），即对孩子过分保护的家长。他们时时刻刻盘旋在小孩的左右，无所不在、无所不管地介入孩子的一切。——译者注

满满当当：父母的这些行为都会使孩子变得不安、软弱、抱怨、无助、依赖、犹豫、自满、沮丧、狭隘、不满、不快乐、易受伤和缺少尊重！

毕斯乔普还提出了一些很实用的建议。她建议青春期的孩子们弄丢了东西，妈妈们不要帮忙去找，更不要直接就买来一个新的。我决定要试试这个方法。如果本弄丢了他的手机，我打算让他"尝尝苦头"。如果我总是不停地给出解决问题的办法，而不是让他自己去解决，他就永远不会学会为自己的行为负责。本在学校又弄丢了他的自行车钥匙，这已经是第三次了。我决定把握住这次机会。我告诉他我实在太忙了，没有时间去接送他，他必须要确保自己的自行车不会被偷走。本的处理办法非常不切实际，决定把那辆锁着的自行车拖回家，这导致自行车的后轮胎被磨破了。接下来的两天，自行车就一直放在修车铺里。本把自己三个月的零花钱都用在了新轮胎上。一个星期后，钥匙却找到了。

毕斯乔普还推荐了一种提升孩子责任感的方法：让孩子们安排自己的外出活动。为了能最大限度地降低孩子们房间的混乱程度，她大致罗列了一些基本原则。我决定按照自己家庭的情况稍加调整后立刻执行。

新规矩开始执行了。这让本感受到自己对于房间的掌控权。不幸的是，我仍然不得不对他唠叨，让他关掉灯、打开窗帘。如果按照他的习惯，根本不会有阳光照进他的屋里，也许他已经变成了吸血鬼。在一周的大部分时间里，地板上还是会扔着一堆衣服，但令人欣喜的是，指不定什么时候他就会把衣服放进洗衣筐里。青春期指南中建议，父母不要总想着让孩子表现得更好而削弱了表扬的效果，例如在表扬孩子整理房间后别再补上一句"我希望你一直都能做到最好"。我们做父母太习惯这样了。

> **给青少年的家规**
>
> ◆吃剩的东西、用过的盘子和瓶瓶罐罐等不要留在卧室里。
>
> ◆不要把衣服扔在地板上。
>
> ◆每周至少把脏衣服放进洗衣筐里一次。
>
> ◆把自己房间的门关上（这样父母就看不到屋里一团糟）。
>
> ◆把湿毛巾挂好晾干。

青少年的大脑发展

在本所在新学校的家长见面会上，我遇到了他的老师莱德文。按照本的说法，莱德文（Lydwin）是他遇到过的最酷的老师。她身体穿孔，还曾经在一个金属乐队唱过歌，而且还教天文学。相比而言，我却无可救药地过时和无聊。莱德文确实很年轻，看起来很酷，而且非常友好。她向父母讲述了小升初过程中的变化。她说，我们的孩子正面临着一个全新的世界和不同的期望。家庭作业是小学和初中之间的主要区别。她问在座的父母自己的孩子通常花多长时间做作业，然后告诉我们一个居中的时间——每天45分钟，并提到这是一个比较合理的时间。不管怎样，父母仍要帮助孩子更好地安排每周做作业的时间。（学校在这方面给予帮助。）她还强调，不能因为做家庭作业，而牺牲体育运动、业余爱好和娱乐活动的时间。

学生将定期参加测验，测验分为两个部分：一部分考察知识，另一部分则考查知识的应用。这些属于不同的技能模块。到了13岁左右，孩子们大脑对于知识应用的能力仍在发展中，所

以一些孩子在知识应用方面仍不够成熟。"对于学校而言，很重
要的一点就是要发现在这方面发展步履维艰的孩子们"，莱德文
继续说道，"然后老师们就可以提供有针对的帮助"。我对这种
做法感到欣喜且惊讶，区别于之前我在荷兰体育馆里听到的"成
败全靠自己"的情节。在提到智力发展后，莱德文建议我们读一
读伊芙琳·柯蓉（Eveline Crone）颇具影响力的一本书《青春期
的大脑》（*The Adolescent Brain*）。它被誉为是一本改变了人们对
青少年看法的书。这本书有助于我们了解青春期孩子们的行为动
机、局限和能力。

　　一个星期后，我骑车去图书馆借书。这是一本为数不多介绍
青少年大脑神经发展的教养指南。伊芙琳·柯蓉是莱顿大学发展
和教育心理学系的教授。这本书具有很强的技术性，但还没有翻
译成英文，我尝试从中挑选出最为相关的内容。在青春期，与朋
友的关系变得最为重要，随之而来的是来自同伴的压力和从众的
意愿。与此同时，青春期激素的分泌十分旺盛，大脑中充满了激
素受体，也更容易情绪化。想想罗密欧与朱丽叶吧。

　　柯蓉解释说，青少年大脑内部发展是不均衡的，这一事实能
够对青春期的典型行为给予解释。社会推理和理性思维是最后发
展的两个领域。在社会推理和理性思维尚未发育成熟之前，奖励
中心变得高度活跃，这会导致青少年喜欢追逐与寻求刺激，并且
意识不到自身行为的后果。成年人面对带有潜在风险的情境时，
往往会有本能感受（那些来自己有经验的肉体印记）；相比而言，
青少年则更加关注潜在的积极结果，他们需要多花些时间来衡量
利弊，得出结论。例如，成年人会立即将诸如"和鲨鱼一起游
泳"的想法视为危险而不去考虑。青少年或许认为，这的确有些
危险，但是……也许很有趣，或者很酷，很好玩？

　　年轻人能够在不触发他们情绪的环境中理解风险，但是大

脑的奖励中心受到刺激，他们将无法再意识到自身行为的潜在后果。柯蓉在书中提到这样一个例子，一个青春期的孩子把妈妈给他买冬季大衣的钱拿去文身。

大脑中负责风险和胆量的区域在青春期过度活跃，促使他们去尝试各种特技运动，例如在冲浪板或滑板上表演花样百出的特技动作。镜像神经元（一种特殊的神经细胞）使孩子们可以通过观察别人做事情来学习，例如学习一系列复杂的舞步。成人则失去了这种能力。音乐天赋也通常在这个年龄段显现出来（像莫扎特这样的儿童天才是极其罕见的，柯蓉指出）。创造力与灵活思维是青春期大脑的积极属性，数学能力也是如此。青少年善于跳出固有思维模式去思考。

在对赌场中可能的行为模式进行建模的实验中，青少年通常选择赢钱概率小但获利大的机会，而不是去选择赢钱概率大但获利小的机会。相比于成人年，他们赢钱时会更开心，输了钱也不会太沮丧。研究还表明，当情境被解释得尽可能简单时，青少年会做出更好的决策。针对这方面，柯蓉这样解释道："向青少年解释特定选择背后所蕴含的全部潜在风险没有太大意义。相反，直接告诉他们某些选择不好则更为明智。"

莱顿大学进行的测试表明："尽管青少年在收到负面反馈时，他们的脑部比成年人活动更少。但结果表明，当接收到正向反馈时，他们则表现出更多的脑部活动。显然，青少年的大脑更侧重于获取鼓励和肯定，而从惩罚和责备中获取则较少。"据此，我们能够再次看到积极鼓励的好处。荷兰父母经常这样做，把积极评价随意穿插在自己与孩子的日常谈话中。

十几岁的孩子们总是白天不起、晚上不睡。这让很多父母感到抓狂。其实很多青少年存在夜晚入睡困难的问题。这是青春期大脑中褪黑激素延迟释放的缘故。然而，他们需要长时间的睡眠以满足发育需求。这可能会导致慢性睡眠不足问题，而又会加剧问题行为的出现。柯蓉建议父母允许青少年在周末和假期睡懒觉。他们并不是懒惰，只是需要额外的睡眠来保证成长和发展。在荷兰有些人倡议中学每天上学时间推迟，就是因为青少年需要更多的睡眠，而且他们的大脑在一天稍晚的时候运行得更好。

青少年与睡眠

青少年的睡眠模式：

◆生物模式的改变意味着青少年自然会睡得晚、起得晚。

◆大脑中褪黑激素释放延迟后，使青少年通常在晚上 11 点左右才犯困。

◆青少年每晚要睡 8~10 个小时，在发育高峰期有时需要睡更长时间。

◆在一周时间里，青少年的睡眠模式往往并不规律，这使得他们调节生物钟更为困难。

◆睡眠过少会影响在学校的表现，还可能会导致抑郁症，加剧情绪波动。

如何帮助青少年改善他们的睡眠模式：

◆向他们解释他们的身体正在发生什么。

◆让他们在周末和节假日里睡个懒觉。

◆不要让他们在上床前的一小时里玩电脑、手机或 iPad（因为接触屏幕会影响褪黑激素的分泌），而要鼓励他们读本书。

◆鼓励青春期的孩子们参加体育活动，因为身体运动有助睡眠。

我跟以前的一位同事在回家路上聊天时，她提到和处在青春期的女儿相处时遇到的问题。她把当下的崩溃称为"社交媒体灾难"。她的女儿刚满 14 岁，在社交媒体上结交了各种不靠谱的网友，其中包括麻醉药物吸食者和目前还被软禁的人。我问孩子所在的学校是否知道学生中存在这类问题。她说，虽然学校里有针对这个话题的讨论和影片，但并不起作用。孩子们知道存在危险，但他们并不相信危险会降临到自己头上。一个同学正打算与一个老人见面，因为那个老人答应帮她买下昂贵的运动鞋。我的朋友说，"她根本没有意识到危险，以为自己能够应付"。

我相信这一切同样发生在荷兰，但不知道这里的青少年是否更加独立、更加自信，并且不那么容易被欺骗？我询问了许多荷兰家长，他们是否对自己青春期孩子的上网行为进行监督，是否考虑到孩子们在上网时容易遇到危险。在我们的交流过程中，大多数父母并不认为他们的孩子会遇到特定的危险；他们相信孩子们在结交网友的过程中会保持理智，并且相信孩子们会遵循一定的规则，例如不会透露家庭地址或电话号码。安玛丽（Annemarie）是本的一位朋友的母亲。她有四个孩子，其中包括一个十来岁的女儿。当我问她跟自己 13 岁女儿的关系如何时，她这样回答我。"我本身就不会对孩子过于保护。她应付问题有一套。这让我对她很放心。有时我会不经意地提及一些事情，比如在社交媒体上发布自拍裸照的人。然后，她就用一副'你认为我疯了吗？'的表情看着我。"安玛丽继续提到另一个有趣的观点："有时候，我觉得那些家里孩子比较少的父母更倾向于过度保护。而我有四个孩子，还有一份工作，我不得不更加务实。"

我的嫂子萨宾说她从来不担心自己女儿。她向孩子们解释为什么要制定这些规则：需要告诉她他们在哪里，他们计划什么时候回家，并在约定的时间回来，不能花大量时间玩电脑游戏，等等。关于易成瘾的烈性毒品，学校有大量可获取的信息，有时也成为家里谈话的话题。我的一位住在鹿特丹的朋友告诉我，她13岁的女儿在学校做了一个关于毒品的演讲。荷兰的孩子们被期待定期做演讲，而毒品这个话题也是一个相当受欢迎的选择，甚至为此专门制作了网页。

萨宾的两个年长孩子说，他们现在已经能明白母亲制定规则的意义。她说，"有时候，我会这样想，需要保护孩子们免受来自他们自身行为的伤害。以前，白天没有任何电视节目，没有互联网，没有移动电话。那个时候比现在简单得多"。跟其他家长一样，她试图限制孩子们接触屏幕的时间，鼓励孩子们去外面玩耍。在她的后花园里，一个内嵌式的跳床占据了一半的地方。即使现在，我的外甥们仍然非常喜欢在那上面蹦来蹦去。

独立

我找到我的邻居特莎（Tessa）聊天。她是我朋友亚玟的姐姐，为孩子制作电影。她有两个女儿，分别是15岁和17岁。她们在著名的阿姆斯特丹中央学校就读并被分进学术组，住在一栋蓝色木质结构的美丽排屋里。特莎称自己很幸运，她的两个女儿都非常懂事和有责任心。她说自己跟孩子们相处很少遇到问题，看来明智的早期家庭教育已经得到回报。正如谚语所言：皮带已经慢慢加长了。对她来说，目前的挑战是"找到平衡点"，跟青春期的女儿们相处时懂得在何种程度上去"指导、限制和放手"。"放手意味着：接受有时候会出错的事情"，她补充说。

如今她的两个女儿已经相当独立。她说，父母不应该总试图直接给孩子提供建议，而是要帮助她们形成自己的想法。她的两个孩子在玩游戏或社交媒体方面没有出现任何问题，所以我想问问她对待酒精和毒品的看法（消费酒精和大麻的法定年龄是 18 岁，那些售卖大麻的"咖啡店"必须严格核对身份证）。她说，"最好不要禁止任何东西。她们从不喝烈性酒，但我知道她们时不时会喝些红酒和啤酒。我并不认为吸大麻有那么糟糕，而且我知道她们已经尝试过了。这些事情中在一些特定朋友圈里十分重要。她们很想融入圈子。更重要的是让她们意识到她们的选择。她们需要学会认识自己的局限。之后，你需要给予她们信任。到目前为止，并没有出现什么岔子"。

我喜欢这种自由的教养方式，而且明白这种方式对十来岁的孩子们而言更具吸引力。像萨宾一样，特莎和她的丈夫也会一起商量规则，或是做出具体的安排。例如每当女儿们出去玩或外出参加活动时，会计划好什么时间回家。全家人每天都要在一起吃早餐和晚餐。对此，每个家庭成员都有充分的时间对此进行讨论，然后大家再就此达成一致。对于这个荷兰家庭而言，围坐在一起进行讨论是至关重要的。其他荷兰家庭也是一样。

正如前面提到的，特莎将屏幕时间限制在下午 5:30 以后。她不去监督女儿做家庭作业，孩子自己便会抓紧完成作业。我能够意识到这一点有多重要。我认识的一个外籍父亲从女儿上学第一天起就帮助她做家庭作业。他的女儿现在已经 18 岁了，正在读高中的最后一年，但仍不具备自学能力，还是需要父亲的不断帮助与支持。就我而言，我不希望陷入这种情况，很担心她如何应对大学阶段的学习。如果父母总是监督孩子做作业，就很容易陷入这种境况：离开父母的唠叨和恳求，孩子永远不会主动去写作业。

我问特莎，她是否有什么遗憾。"有一件事我做得不同，那就是我希望她们从小就帮忙干家务，这样她们现在就会自发地去做事了。但你不可能总把什么事情都做对！"

害怕失败

无论你在哪个地方，青春期都是孩子们去自我探索和自我发现的阶段。荷兰父母似乎是以一种平静和理智的方式考虑这点。他们往往不会与成长中的孩子发生冲撞，而是为他们提供支持。虽然青春期的孩子可能表现得过于自负，可能有些傲慢和执拗，但这往往只是他们内心恐惧和不安的遮掩。

在荷兰语中，经常使用 faalangst 这个词语来表示"害怕失败"。在荷兰，我几乎感觉不到孩子们被强迫做事，会更加关注阅读障碍、注意力缺乏、多动症，以及轻微表现性焦虑（尽管学校不鼓励竞争）等问题的干预方式。在小学，孩子们遭受失败的情况很少。但是升入中学后，孩子们就很可能遭遇考试失利，以至于不得不留级，或者被调到进度较慢的学习小组中，这样就不得不和自己的好朋友分开。好在帮助随处可见。许多学校开设相关训练项目来帮助那些"害怕失败"的孩子。如果我小的时候也有类似课程，我肯定从中受益。

对于学生惧怕失败，我没有发现任何迹象表明英国学校严肃对待这类问题。即便我的母亲是一位针对特殊需求的咨询师，她说这类问题也是刚进入她的视线。她说，"这使我对聪明学生的高自杀率问题有了更多认识。大家刚开始关注复原力的发展，以及如何能够提高儿童的复原力"。我让母亲就压力管理这一话题，向当地学校的校长进行询问。母亲这样回复了我："英国的中学（当然只限于我联系过的学校）没有开设任何关于压力管理的课程或辅导。但是当我向这些学校提起后，有些校长开始认真思考这件事！"

然而本的新学校曾在网站上宣传过一位提供惧怕失败辅导的老师，其他学校也是如此。我所在读书会的一位会员的儿子，在他进入中学后的第一个学期被建议参加一项提升自信心的训练。学校认为他会从中获益。最后这个培训给了他极大的帮助。

在荷兰，对于父母来说，有大量十分普遍且易于获取的帮助。例如那本值得信赖的青春期指南中就介绍了"遍布全国的家长育儿课程和免费提供帮助的活动中心"。热门课程包括"与青春期的孩子更好相处"和"正面管教青少年"。一方面，他们建议给青春期的孩子更多的空间和自由，父母必须学会从他们孩子的生活中退后一步；另一方面，"父母需要给青少年以明确的指导，这部分是由于青春期大脑的发育模式"。除了这些课程，还会有喜剧歌舞表演巡展，用一种轻松愉快的方式去呈现青少年和父母之间的紧张关系。

惧怕失败：给青少年的建议

1. 找出让你惧怕的究竟是什么。让你感到害怕的具体情境是怎样的？你是如何应对和思考的？把问题具体化能够使其更容易解决。

2. 对让自己感到焦虑的事情（比如考试），要做出充足的准备。

3. 学会打破消极思想的枷锁，停止郁闷和烦躁。

4. 通过放松、冥想、深呼吸等方式，学习应对源自压力的身体信号。

5. 当压力过大时，就休息一下。在考试期间，可以上厕所或喝口水。

6.为自己设定现实的、可实现的目标。不要将目标设得过高。

7.取得成功时，就接受赞誉。不要把自己所有的成功和失败都归因于机会。

8.允许自己犯错，并从错误中学习。

9.当遇到不顺利的情况，不要让它影响你全部的自我价值感。

10.设想自己的成功，而不是失败。

营造包容、轻松的家庭氛围

碰巧，本的学校正在举办新生家长会，主题是"使家庭生活保持轻松愉快"：如何保持那份荷兰人所钟爱的惬意、友好的氛围，即便你有一个闷闷不乐、荷尔蒙分泌旺盛的青春期孩子。学校邀请了一位育儿专家做讲座。她同时也是一名演员。我顶着十月的倾盆大雨，骑着自行车去了学校。本的新学校位于伊日河西南岸。那幢色彩鲜艳的三层教学楼，让我觉得很有趣。相比而言，我所在中学的建筑很沉闷。一旦需要更多的空间，那种枯燥无味的活动房屋就会被建起。冒雨前来的家长们浑身湿漉漉的，进入宽敞明亮的礼堂里。这座礼堂装饰着红黄橙三色条纹和木质的外观。同样风格的新教学楼将在明年建成。

凯瑟琳娜·哈佛坎普（Catharina Haverkamp）准备了近乎脱口秀的节目，欢迎家长们。这是一位四十多岁的身材高挑的妈妈，她有四个年龄在 11～18 岁的孩子。她说，正是因为自己在教养孩子过程中的不称职，才让她成为一名专家，暗示着"我并不比你们好"。她的演讲主题将围绕重塑——这表示既要安慰，又要鼓励。她声称这是营造幸福家庭以及教养子女的关键。

她先对观众进行了调查：有几个孩子，孩子多大了，是否就孩子的某些问题而感到苦恼，等等。站起来代表"是"，坐着不动表示"否"。这是一种颇具荷兰特色的测试方式。过去的做法是，戴着或摘下帽子（petje aan petje af）。很多在座父母的年龄让我大为吃惊。一般来说，相比于世界上其他任何地方，荷兰人要孩子的年龄会更晚。此外，大部分在座家长有三四个孩子。家里孩子较多是荷兰中产阶级的典型特点，因为他们在时间和财务方面都比较自由。

凯瑟琳娜的演讲传递了一个不言而喻的观点：父母和孩子都应感到幸福与快乐。这显然是养育孩子的重要目标。在英国或美国的某所学校，我猜想关注重点则是分数和成绩。像本的老师莱德文一样，凯瑟琳娜也提到了青少年大脑专家伊芙琳·柯蓉。她的研究表明，归属感对于青少年建立幸福与制造快乐是至关重要的。

凯瑟琳娜说，唠叨是一种信号，意味着父母害怕他们的孩子失败，而这种担忧并不会收到好的效果。当孩子回到家，她过去常常问那个家长们最喜欢问的老套问题："在学校怎么样？"跟大多数孩子一样，她的儿子总是耷拉着脸，并不太回应。当你对他进行检查，或者向他施压，这些都会无意中向孩子流露出你的担忧。最好要信任你的孩子，并给他信心。她建议"不要忘记表达爱。什么都不问，只是一个温暖的微笑，这会带来更好的效果"。坦白地说，在本那里，我还没有遇到这个问题；他的话匣子一旦打开就停不下来，总是事无巨细地告诉我他今天发生了什么，但我决定在艾娜身上试试这个建议。

凯瑟琳娜讲座的主要观点可归纳为：不要沮丧，给予亲切鼓励，树立好榜样。此外，孩子作为独立的个体，你要给予理解和接纳。不要期望他们像你一样，或者像你希望的那样。她养过一株盆栽的榕树，并把它作为例子。她要求家长把那盆榕树想象成自己的孩子，但他们心中却希望有一盆紫罗兰。不要把你手中的榕树想象成紫罗兰，这就是关键。你不要去问花去了哪。你要按照自己手中是何种植物，去给予它照料。你需要精心培土和施肥。你不能摘掉叶子，试图让它看起来像另外一种植物。听众们都笑了。

讲座结束后，我跟其他家长聊天时，他们说讲座的内容让他们很受启发。我们还聊到孩子们是如何完成家庭作业的。因为他们上小学时，放学后通常没有家庭作业。但对于这种变化，这些刚升入中学的孩子们并没有焦虑。正如我之前多次提到的，那种焦虑的对比是一种社会禁忌。

酒精与毒品

正如我们所了解的，荷兰青少年的怀孕率和性传播疾病率最低。此外，饮酒是英国青少年普遍存在的问题，但是荷兰青少年的父母并不为此担心。在经合组织就此问题的研究报告中，英国、爱沙尼亚和丹麦位列榜首，荷兰在被调查的26个国家中排在后面，其次是美国（因为有着严格的禁止未成年人饮酒的法令）、意大利和冰岛。研究还表明，与父母关系良好的孩子较少饮酒。荷兰儿童饮酒和吸烟的数量急剧下降。因为政府的自由主义取向，在荷兰，毒品使用是一个有趣的问题。虽然有很多"咖啡店"售卖大麻，但禁止向未满18岁的儿童出售。此外，这类咖啡店不得在学校周边 250 米内营业。从 2011 年的官方数据来看，大约有 19% 的男中学生和 14% 的女中学生曾尝试过抽大麻。如果去问问孩子们，他们估计至少有 80% 的同学吸过大麻！我丈夫认为，孩子们可以相对容易地去尝试抽大麻，也让这件事不再那么充满刺激。他试图让自己站在一个青春期孩子的角度去思考："那又怎样？"而且这并没有成为习惯。

为什么荷兰青少年很快乐

我们在夏天再次见到了鲁特·维恩霍文教授，他在鹿特丹的伊拉斯姆斯大学任教，被称作幸福学教授。鲁特教授告诉我们，他的最新研究表明，荷兰青少年仍然是世界上幸福度最高的。他说，"其实，大多数的青少年很快乐，而荷兰青少年更是如此"。在世界卫生组织的近期调查中，90% 的 15 岁荷兰女孩和 96% 的 15 岁荷兰男孩声称自己的"生活满足感最高"。在这项调查中，英国和美国分别列为第 18 和第 22 位。但是即使在那里，接受调查的 15 岁青少年中仍有约 80% 的青少年声称自己很幸福。

我们讨论了为什么荷兰青少年在幸福度方面更占优势。他把这归功于荷兰父母注重"独立性培养"。相比其他国家，荷兰的孩子们拥有更多的自由和较少的保护。他还提到了自己关于中学教学方式的比较，其中法国最为突出的是垂直式（教师讲述，学生再现），而水平式教学法（教师作为教练）在荷兰学校中盛行。垂直式教学会削弱学生的自我尊重和自主性，并加剧激烈的竞争。

教授还指出，在荷兰学校里，获取心理帮助非常重要，而且荷兰社会中经济相对平等也起到了作用。在荷兰，人们更容易对自己所拥有的生活感到满意，而很少会对他人的生活方式感到嫉妒。他补充说，"我还觉得荷兰父母很少对孩子选择的朋友指手画脚"。

友谊

同伴关系是童年幸福快乐的关键因素之一。在 2013 年联合国儿童基金会的报告中，荷兰幸福指数再次胜出。这和同学之间相处友好、相互帮助是分不开的。在"感到同学友好和乐于助人"方面，荷兰和瑞典是得分最高的两个国家。

最近在《卫报》刊登的一篇文章声称，英国儿童对于校园里普遍存在的欺凌现象而感到不满。

> 关于儿童在校期间幸福度的调查中，由于校园暴力以及师生关系不良等问题，英国在 15 个参与调查的国家中排名第 14 位。普遍存在的校园欺凌现象对于儿童身心健康存在巨大危害。在一项新的国际调查中，相对于其他所有被调查国家的儿童，英国儿童在校期间感到更不愉快。根据儿童协会的一项研究，大约五十万名 10~12 岁儿童在校期间遭受过身体上的伤害，有38%的被调查儿童表示自己在上个月受到过同学的欺负。

玛格丽特·德洛奥兹（Margreet de Looze）是乌特勒支大学的助理教授。联合国儿童基金会最新报告中的相关支持研究便是由她负责的。她告诉我们，相比于其他西方国家，荷兰在校园欺凌方面的得分非常低。"或许荷兰的家长并没有意识到这一点，这是由于荷兰当地媒体对于校园欺凌问题十分关注。"（如果对学校感到不满，荷兰家长往往会非常直言不讳。）"学校较少存在压力和竞争，这有助于减少校园欺凌，使同学之间更容易和睦相处吗？"我问道。

她同意我的判断。她补充道，"谈到缺乏竞争，在学业压力方面，荷兰的得分也非常低。压力是影响幸福感的重要因素之一。我同样认为压力肯定会影响学生之间的关系"。

玛格丽特主要从事学龄儿童健康行为（HBSC）的研究。联合国儿童基金会的报告正是以此项研究为依据得出的。当我们问及她所从事的这项研究的客观性时，她告诉我们："嗯，这是个问题。或许让孩子们评估自身的幸福感，涵盖着一种文化问题。我们承认这点。但幸福感不仅仅是主观的，我们也要看到它的客观方面。例如作为此项研究的一部分，我们需要排查头痛、胃痛和呕吐等健康问题。这些也是评价指标。荷兰孩子在这方面得分很低，所以我们真心相信他们更加快乐。"

后记：让我们开始一场变革吧

米歇尔

　　当我写下这本书的最后一笔时，四月又悄然降临了。一年过去了，我又回到了我的田圃里，试图让它恢复原貌。漫长而潮湿的冬季把草地变成了一大片崎岖的沼泽地，这种地方简直让牛染上战壕足病。小菜地里长满了杂草，看上去非常像是沼泽地。那就是能走路的地方。马丁正在使用滚筒碾压草地，试图把草压得足够扁从而能够直接割下。本已经在前围栏附近挖出了一块空地，这样他就能够打造自己的野花草坪和蝴蝶花园。这是一件我们每年都会尝试做的一件事情，但迄今为止都失败了，因为土地太过肥沃和潮湿了。它更适合那种带刺的荨麻和野旋花。我正在尝试为我栽种的小柳树剪枝，随意地将杂乱生长的树枝修剪成树冠，希望它最终能够长成像荷兰乡村里所栽种的柳树那样。鸟儿正在歌唱，水仙花正在风中飞舞。

　　如今我的孩子们已经9岁和11岁了。他们最大的变化是做事情更加独立。我猜想，今年夏天，艾娜会光着身子在嬉水池里玩耍。现在，她每天自己骑车上下学，有时候会和自己的新朋友一起去那个有着丑陋的塑料外壳的购物中心逛街，去H&M店里试衣服。幸运的是，她读了很多书，还会踢足球，而且在学校里的表现很好。极为巧合的是，她今天仍是跟蒂恩一起去了公园，和一群朋友一起在外面玩，就跟去年一样。

本的初中一年级时光已经过去大半。他能够坚持按时起床，准备好自己的午餐盒，把做完的作业装进书包，并准时到达学校。让我感到十分惊讶的是，他所在的文科中学对于学术程度有着很高的要求，例如，他们拉丁语课程的教学进度相当快。当学校没有课时，他去上芭蕾和舞蹈课，但已经开始对视频博客上瘾，经常盯着手机（关于这种状况，我曾被提醒过）。不过，他的成绩还不错，尽管不如他的朋友弗洛里斯那么出色。弗洛里斯下定决心明年要进入学术组。残留在我内心的那个雄心勃勃的英国人，为他欢呼喝彩。

不可否认，作为家长，荷兰生活的过程已经改变了瑞娜和我养育孩子的方式，改变了教育孩子的态度以及育儿的看法，也改变了做事情的方式。

瑞娜

对我来说，这意味着采取更加轻松的方式对待早期教育。我希望给小朱利叶斯自由玩耍的时间，让他透过游戏来获得发展，而不是过早担心他的学业技能。朱利叶斯很快就四周岁了，我们不会在家里为他举办生日聚会，因为他不想办。当然，在朱利叶斯离开幼儿园的前一天，我们计划带上一些小纸杯蛋糕和一个彩虹蛋糕到他的幼儿园。他把印有自己照片的铅笔送给他的同学们，还附上一张写着"谢谢你和我一起玩。爱你，朱利叶斯"的纸条。本着享受小假期的荷兰精神，我们全家人一起前往艾夫特琳（Efteling）。这是一个神奇的童话主题公园，比迪士尼乐园建立得早。我们要在那玩上三天，来庆祝他三周岁的生日。我们不会为马泰奥购买小小爱因斯坦系列的玩教具。相反，我们给予他充足的睡眠和有规律的作息。我已经停止试图去"证明"自己是一位完美妈妈，跟随着我自身本性的驱使，为我的孩子找寻"最好的"一切。

米歇尔

对我而言，按照荷兰的方式来生活，意味着我重新反思自己对待工作的态度，找寻更加富有平衡感的生活。它让我能够跟孩子一起度过宝贵的周末时光。我们可以经常去田圃里开展户外活动，或者去家对面的公园周围滑旱冰。我开始感受到对孩子们放手所带来的好处，这样他们才能够学会独立和自己解决问题。本最近开始去一所专业舞蹈学院参加周六的课程，而这所学校位于城市的另一头，他必须自己去那里。由于阿姆斯特丹的市中心正在进行一场示威游行，他第一次搭乘公交车回家。他给我打了电话，告诉我他正在冷静地穿过那些示威者，并步行前往位于三公里外的公交车站。虽然他不熟悉城市的那块区域，但他非常从容，并设法找到了解决办法。父母要相信自己的孩子，给予孩子独立自主的机会，从而发展他们的韧性、解决问题的能力和保持沉着冷静的能力。

我们不禁由衷地赞同联合国儿童基金会的报告。我们认为，荷兰人正在养育世界上最快乐的孩子。然而，他们没有用任何新的方法。荷兰父母只不过做着如今英美父母在成长过程中都经历过的事情，但是英美父母在急切追逐完美的过程中把这些事情都遗忘了。早在 1873 年，伯明翰产科医生派伊·亨利·查维斯（Pye Henry Chavasse）便在《给母亲的建议》（*Advice to*

Mothers）中，倡导"新鲜空气，简单的食物和运动"。在 18 世纪，功利主义创始人杰里米·边沁（Jeremy Bentham）认为，我们应当致力于让尽可能多的人快乐。幸福应该是生活的核心。"要力求做好事，而不是做得好。"生活应当在于帮助别人，照顾好自己和孩子，而不是拿自己和他人进行比较。斯波克在 1946 年出版的《斯波克育儿经》（*Baby and Child Care*）中呼吁家长要遵循常识，并在书的开头便提出"相信自己。你所知道比你以为的要更多"。事实是，任何人都可以采用荷兰的这种合乎情理的育儿方法。它一直存在，只是近来被遗忘了。

国际经合组织的调查显示了幸福在童年时期的重要性。它是预测个体在今后生活中的福祉和成功的有力指标。这就是英国国家统计局在 2012 年和 2014 年持续开展"衡量国家福祉计划"的原因——致力于改善国民幸福度。这已经成为政府政策的标准。

什么能够为孩子带来真正的快乐？

◆可预测的日常作息（给予婴幼儿的一份礼物）：让他们按时睡觉，按时吃饭，并保证他们的清洁。

◆一个温馨和睦（gezellig）的家。

◆陪伴在孩子身边，给予他们无条件的爱的父母。

◆为孩子提供适当的工具，让他们能够逐渐学会独立自主。

◆拥有足够的时间用来玩。

◆确立适当的规则和边界，让孩子感到安全。

"很多父母会为自己的孩子做任何事情"，英国街头艺术家班克斯（Banksy）这样写道。他总结了很多现代父母所为之挣扎的问题。荷兰人主张要为了学习而学习，学习不仅仅是为了通过考试，而是为了开阔心胸。父母所能够做的事，不要给孩子压力。忘掉所谓的提前学习。放下所谓的小小爱因斯坦，只是陪伴你的孩子一同前行。放下你所希望孩子成为的样子，而是让他们做自己——就像我们一样，不完美却快乐的自己。让孩子成为孩子。让他们尽情地玩耍。

玩能够教给孩子很多东西。积极的户外活动对于成长中的孩子们来说至关重要，有助于培养和发展他们的感官。那些重要的品格需要在艰难的环境中得到磨砺。鼓励你的孩子在恶劣的天气里出门玩，从而培养他们坚毅的品格。让他们走出去，让他们骑车，给予他们一定的限度，并且逐渐增强孩子的独立性。

幸福就是要在学校里与同学友好相处，而不是相互竞争。政府应当采取措施，通过思考和重塑教育制度以及缩小贫富差距等方式，促进儿童之间的和睦相处。这并非巧合，英国的政客们正在倡导培养一种品格，促进复原力和沟通能力的教育，而不是利用考试来强迫孩子们。荷兰人并不是教育的先驱者。他们只是较早采用了那些来自意大利、芬兰和德国等其他国家的，并且经过验证的具有创新性的教育方法。他们会审视自己的教育体系，并从其他国家来寻求那些可能改进教育的新想法。

对于孩子们来说，快乐就是拥有选择自己爱好的自由，有时间做自己喜欢的事，而且不会感觉到凡是没有取得第一名就意味着失败。无论如何，具有才华和激情的孩子可能成为成功者。即使如此，让我站在荷兰人的视角来理性地看待这个问题——拥有非凡的成就通常是有代价的。这真的有必要吗？

我们总会在一定程度上感到焦虑，感到我们必须为自己做些什么。或许，对我们每个人而言，这就是我们人类自身的存在状态。即便你所在的国家没有十分严重的问题，例如接受教育、获得医疗保健以及负担得起的食物和住房，也许还有新的问题。英国父母经常要给孩子一切——无论是无尽的乐高玩具，还是无限的父母关注，抑是让他们进入"最好的"学校。父母总为自己的孩子多做一些有利的事情，但是更好的做法是，父母要通过逐渐放手和给予孩子更多的自由，让他们学会独立自主。引用幸福学教授鲁特·维恩霍文的话，"如果他们不曾跌倒，他们就无法学习"。

你只有一个童年，它为你的余生奠定了基础。这种认识却使我们把童年变成了一个问题。父母总是意识到他们的宝宝面临的所有风险。当我们记起首次怀孕的最后几个月时，我们总会格外珍惜。那时我们的宝宝仍然安全地待在妈妈肚子里。我们意识到怀孕是我们能够完全控制孩子去向的唯一时段。父母总是担心有不好的事情发生在自己的孩子身上，但是我们这些做父母的，需要调节自身持续不断的恐惧。为了孩子们着想，我们需要理性地看待这些事情。如果我们不这样做，现实世界将会给他们重重的一击。

对于"直升机父母"，要如何做出改变呢？首先要放下焦虑。你的孩子越多，你能待在每个孩子身边的时间就越少。不像爱，时间和精力是有限的，需要被分享。拥有不止一个孩子的父母，当他们回过头看自己当初养育第一个孩子时的那些焦虑不安的行为，总会不由地为之一笑。"直升机家长"经常把责任归咎于外部因素——学校、老师和其他人。但是他们最好反思自己的焦虑。具有自卑感的父母往往倾向于借孩子的成就来找寻自己存在的意义，以弥补自己所感到的失败。但这种行为是自私的。孩子需要的是爱、鼓励、支持。你的孩子是一个独立自主的个体，并不是父母的延伸。你的孩子并不是你的缩小版。这是我们身为父母需要记得的一条忠告。

在荷兰，父母更具有自我满足感，独立自主，并享受自己的生活。他们不会过度保护自己的孩子，因为他们相信自己周围的社会能够满足他们和孩子的需要。独立自主使人更加快乐。对话也是如此。全家人一起吃饭，陪你的孩子说话便是一个好的开始。如果家长停止追求过多的财富，那么过度工作的文化也会随之停止。这样，雇主要去满足雇员的需要，才能让雇员为他们奋斗。

幸福是孩子拥有一个充满爱的家，并与父母有着良好的关系。父母是积极的，能够给予帮助和支持，而不是唠叨不停、充满焦虑的。父母的积极态度能够提高孩子的自信心，而自信心有助于他们能够自己解决问题。

在美国和英国这样崇尚个人主义的社会里，父母倾向于对自己的后代承担全部责任。或许现在是来一场社会变革的时候了。这不仅需要父母，更需要全社会来应对挑战。随着工作地点更具灵活性，文化变迁逐渐发生。从事兼职工作的人员数量有所增加，自由职业者和从事不同类型工作的人员数量也逐渐增多。但是荷兰的例子告诉我们，这可以更加深入。思考如何使育儿工作更具合作性，这是有意义的。比如，我们并不是在真空中养育我们的孩子，而荷兰父母向我们呈现了如何与祖父母、邻居等共同承担育儿的责任、分担压力。莱顿大学的研究表明，这种社会关系网对于孩子们在今后生活中不误入歧途有显著影响。

我们作为母亲在这里生活的过程中，对荷兰人的性格特点有了很多了解。我们发现，我们最难以接受的一件事是他们对于均等（averageness）的看重。这里最常听到的一句话是"像平常一样就好"。荷兰人喜欢全面理性地看待事情，并且常常带着幽默和自讽。此外，这里的人们对于地位和成功不太看重。虽然这个国家并非完全没有阶级（不存在一个无阶级的社会），但是与英国不同，阶级不会决定你的身份和生活方式；也与美国不同，财富不会决定一个人的社会地位。在这里，皇室成员也骑车。

何尔曼·普莱写道，五个多世纪以来，荷兰一直是世界上最幸福的国家之一。他并不把这归结于百万富翁的数量，而是"你感到在这里能够得到自己所应得的"。在进行访谈的过程中，我们和朋友讨论这本书的想法，荷兰人经常惊讶于我们会如此乐观地看待他们的国家、他们的教养方式，以及他们的文化。常见的倾向是把盎格鲁－撒克逊人的世界视为文化领袖，并将他们的潮流趋势进行大规模的引进。

负责研究福利的荷兰国家社会政策部门发现，82%~87%的荷兰人用幸福来描述自己。这背后的原因包括权力分散、平等、个人能动性、个体承诺、自力更生、实用主义和归属感等方面。个人生活满意度的平均得分为7.8分（满分为10分）。而荷兰社会学家保罗·施纳贝尔（Paul Schnabel）在一篇名为《驶向幸福》的研究论文中指出，至少有4/5的荷兰人觉得自己很快乐，但只有1%的人们认为这个国家正朝着正确的方向前进。具有讽刺意味的是，荷兰人自己总认为荷兰正在走向衰落！

讲英语的国家里，人们痴迷于要在激烈的竞争中占据领先的位置，但这已经对社会造成了影响。不再有不计其数的惊人工作，也不再有无穷无尽的金钱被赚取，因而市场力量推动着那种达尔文主义的适者生存的态度。但是这种观点真的有意义吗？荷兰没有效仿其他西方国家去追求相同的发展路径。就整体而言，难道荷兰人最终并不成功吗？当然不是。养育一个快乐的孩子，难道不是最值得追求的目标吗？

参考文献

英语书目

Chua, Amy, *The Battle Hymn of the Tiger Mother*, Bloomsbury, 2011

Druckerman, Pamela, *French Children Don't Throw Food*, Black Swan, 2013

Geske, Colleen, *Stuff Dutch People Like*, Stuff Dutch People Like, 2013 Hardyment, Christina, *Dream Babies: Childcare Advice from John Locke to Gina Ford*, Frances Lincoln, 2007

Jordan, Pete, *In the City of Bikes*, Harper Perennial, 2013

Martin, Wednesday, *Primates of Park Avenue*, New York, 2014

Putnam, Robert D., *Our Kids: The American Dream in Crisis*, Simon & Schuster, 2015

Schalet, Amy T., *Not Under My Roof: Parents, Teens, and the Culture of Sex*, University of Chicago Press, 2011

Schulte, Brigid, *Overwhelmed: How to Work, Love and Play When No One Has the Time*, Bloomsbury, 2014

Shorto, Russell, *Amsterdam: A History of the World's Most Liberal City*, Vintage Books, 2013

Vries, Raymond de, *A Pleasing Birth*, Temple University Press, 2004

White, Colin & Boucke, Laurie, *The UnDutchables: An Observation of the Netherlands, Its Culture and Its Inhabitants*, Nijgh & Van Ditmar, 2004

Wilkinson, Richard & Pickett, Kate, *The Spirit Level: Why Equality is Better for Everyone*, Penguin, 2010

其他英语刊物

OECD, *How's Life? 2015: Measuring Well-being*, OECD Publishing, 2015

WHO/HBSC, *Social Determinants of Health and Well-being Among Young People*, World Health Organization, 2012

Wouters, Cas, 'Not under My Roof': Teenage Sexuality and Status Competition in the USA and the Netherlands since the 1880s';
http://hdl.handle.net/2027/spo.11217607.0003.205

荷兰语书目

Bisschop, Marijke, *Opvoeden in een verwenmaatschappij. Hoe maak je je kind toch gelukkig?* Lanoo Tielt, 2005

Botermans, Jack, *Gezelligheid kent geen tijd. Nederland en zijn tradities, van kaatsen tot carnaval tot haringhappen*, Terra, 2010

de Bruin, Johan & Strouken, Ineke, *Typisch Nederlands. Tradities en trends in Nederland*, Reader's Digest BV, 2011

Crone, Eveline, *Het puberende brein*, Uitgeverij Bert Bakker, 2008

van Erp, Barbara & Sterken, Femke, *Dit is het boek voor ouders met een leven*, Nijgh & Van Ditmar, 2015

Feddema, Gitty & Wagenaar, Aletta, *En als we nou weer eens gewoon gingen opvoeden*, Spectrum, rev. edn, 2013

HBSC, Gezondheid, *welzijn en opvoeding van jongeren in Nederland*, Universiteit Utrecht, 2014

Kloek, Els, *Vrouw des huizes. Een cultuurgeschiedenis van de Hollandse huisvrouw*, Uitgeverij Balans, 2009

Pleij, Herman, *Moet kunnen. Op zoek naar een Nederlandse identiteit*, Prometheus Bert Bakker, 2014

Strouken, Ineke, *Dit zijn wij. De 100 belangrijkste tradities van Nederland*, Pharos Uitgevers/Nederlands centrum voor volkscultuur, 2010

参
考
文
献

致谢

　　感谢双日出版社的玛丽安娜·威尔曼斯（Marianne Velmans）为这本书提出了绝妙的主意，并委托我们写下这本书，并把它当作自己的孩子一般用心呵护。感谢丽萃·古德斯米特（Lizzy Goudsmit）认真地精简本书的内容，以及萨·拉戴（Sarah Day）周密细致地完成编辑工作。

　　遍及全球的版权小组：海伦·爱德华兹（Helen Edwards）、安－凯特琳·姿瑟（Ann-Katrin Ziser）、乔希·克罗斯利（Josh Crosley）；来自宣传部的索菲·克里斯多夫（Sophie Christophe）和来自市场营销部的爱丽丝·墨菲－派尔（Alice Murphy-Pyle）。

　　感谢埃利克·莱廷格（Elik Lettinga）果断地抢下了荷兰的版权。

　　感谢我们的专家顾问：玛格丽特·洛奥兹（Margreet de Looze）、鲁特·维恩霍文教授、艾尔斯·克洛伊克（Els Kloek），以及萨拉·哈克尼斯（Sara Harkness）和查尔斯·休珀（Charles Super）教授。

　　米歇尔的后援团：马丁、本和艾娜，亚玟·梵·格拉夫霍尔斯特（Arwen van Grafhorst）、莫文·宝琳（Mouwen Paulien）、托马斯·杜纳尔（Thomas Durner）和赫伦·苏尔（Heleen Suer），诺德·莱斯特（Noord Leest）的那些有爱的女士们，莱斯利·沃尔西（Lesley Wolsey）、乔安娜·纳科波罗（Joanna Nakopoulou）

和伊恩·沃尔西（Iain Wolsey）、埃利纳（Eline）和马丁·梵·林（Mattijn van Ling）、罗曼·克兹纳里奇（Roman Krznaric），来自伊日河波恩特（Boven't IJ）蒙台梭利学校的孩子们，戴妮科·维伦科普（Dineke Valenkamp）、辛吉雅·梵·巴克（Cinthya van Bakel）、莱德文·梵·路彦（Lydwin van Rooyen）、詹妮可·霍恩（Janneke Horn）、海伦·加农斯－威廉姆斯（Helen Garnons-Williams）、西蒙普·罗塞（Simon Prosser）、蕾拉·穆加达姆（Leyla Moghadam）、莱拉·布鲁顿（Leilah Bruton）、柯丝蒂·邓塞思（Kirsty Dunseath）、特莎·梵·格拉夫霍尔斯特（Tessa van Grafhorst）、萨宾·戴维（Sabine David）、玛蒂亚·勒诺布勒（Madea Le Noble）、维多利亚·西尔弗（Victoria Silver）、弗朗辛·布洛迪（Francine Brody）、梅尔·拉什（Mel Rush）、阿诺德·奥（Arnold Auée）、贡达·布鲁因（Gonda Bruijn）、卡特琳·胡克斯特拉（Katrien Hoekstra）、约里斯·卢因迪克（Joris Luyendijk）、安玛丽·瓦尔堡（AnneMarie Vaalburg）。

瑞娜的团队：布拉姆、朱利叶斯和马泰奥，海丝特·威尔曼斯（Hester Velmans），我的父亲胡里奥（Julio）和母亲西尔玛·阿科斯塔（Thelma Acosta）、蕾姐·拉姆查兰（Rhada Rhamcharan）、埃尔玛·梵·碧蓉（Elma Van Biljon）、伊娃布劳威尔（Eva Brouwer）、塔拉·伍德（Tara Wood）、阿卜杜卡迪尔·贝纳利（Abdelkader Benali）、多尔杰·格兰芬斯（Doortje Graafmans），马克·侯杰（Mark Hoetjer）、玛莉丝卡·斯高滕斯（Mariska Scoutens）、埃丝特·贝坦迪克（Esther Buitendijk）、奥蒂莉·库尔斯（Ottilie Cools）、玛丽亚·梵·李肖特（Maria van Lieshout）、盖尔瑞·克里希纳（Gouwri Krishna）、安妮·林海尔（Anne Leenheer）、丁格娜·卡特兰（Dingena Kortland）、厄玛·劳费尔（Irma Lauffer）、哈利·布鲁顿（Leilah Bruton）、马

克·埃慕奥德西姆（Mark Möderscheim）、婕特·梵·德霍文（Jet van der Hoeven）、埃伍德·弗荷耶（Ewoud Verheij）、约佩·德库兰斯通米特（Jop De Kwaadsteniet）、米歇尔·巴瑞鲁沃–马齐尼（Michelle Barrionuevo–Mazzini）、弗兰斯·里费博（Frans Liefhebber）。

译后记

　　"让孩子拥有一个快乐的童年"，这或许是家长、学校和社会最常为孩子许下的承诺。置身在诸如"不要让孩子输在起跑线上"的焦虑中，"快乐"似乎离孩子们越来越远。本书的两位作者来自不同的文化背景，却有着相似的童年经历：被巨大压力所充斥的童年，父母总是愿意拼尽全力让孩子上一所好学校，相信优异的学业成绩是通往幸福生活的重要保障。作者描述了英美父母在抚养孩子过程中的焦虑与不安，从中并不难看到当下中国很多家庭的影子——焦虑的家长，疲惫的孩子。被繁重的学业压力所绑架的孩子，生活在被家长和老师监控着的环境中，很少有机会享受自由自在玩耍的乐趣。但是，在荷兰这个低地国家，却养育了全世界最快乐的孩子。荷兰孩子为什么最快乐？两位分别来自美国和英国的妈妈相遇在荷兰，共同开启了一段探索荷兰育儿秘密的旅程。而我也怀着这份好奇，踏上了我的翻译之旅。随着这次翻译之旅接近尾声，自己心中的疑惑也慢慢解开。

　　荷兰的父母为何能够放下焦虑？透过作者对荷兰育儿方式的描述，似乎能够窥见荷兰人的处世哲学。他们懂得接纳事物本来的面貌，能够接受那个不完美却真实的自己。他们对于为人父母有着务实的看法，不会苛求自己成为完美父母。他们懂得接纳孩子本真的样子和自己的步调，不会急于让孩子开始读写，而是等待孩子自己做好准备。即便面对小孩子对于性的好奇，以及青春期孩子萌生的性冲动，这些看似棘手而尴尬的问题时，他们同样会怀着接纳的态度，去坦诚地回应孩子，给予理解与支持。这些放下焦虑，懂得接纳的父母，会成为孩子快乐成长的最好庇护。

荷兰父母还拥有一份善于平衡的智慧。他们在给予孩子自由的同时，也会为孩子设定规则与边界，让孩子学习如何为自己负责。他们为孩子营造愉快进餐氛围的同时，也会要求孩子遵守必要的餐桌规矩。他们接纳孩子对于性的好奇和冲动，也注重教导孩子如何正确地对待性，会经由协商而定下规矩。此外，他们懂得如何平衡工作与生活，平衡照料孩子与关照自己。这也离不开荷兰人追求简单和节俭的生活态度。例如，买二手衣服和玩具，不仅实惠，而且环保，还能让孩子懂得关爱环境。他们懂得对于物质的过多追求，并不会带来真正的幸福感。

荷兰家长和学校十分注重孩子对于自身兴趣的探索，以及思维能力和品格的培养，而不是过分关注学业成绩。老师们会更加鼓励孩子们在特定的主题或技能上发挥自身的兴趣，而不是强迫他们学习。为此，荷兰设立了多元化的中学体系，让孩子有更多机会找到适合自己的发展路径。曾听一位旅居荷兰的妈妈复述自己9岁孩子讲到的一句话："其实没有对跟错，重要是你把自己的意见表达出来，让别人知道还有其他的可能性。"这源于老师和家长从小便鼓励孩子表达自己的想法，并积极倾听。此外，荷兰父母注重培养孩子的品格，鼓励孩子们在各种气候条件下开展骑车等户外活动，锻炼孩子的复原力和坚毅力。面对充满不确定的未来，这些才是奠定孩子幸福生活的重要基石。

荷兰孩子为何能在没有大人监督的情况下自由玩耍？面对在户外玩耍的潜在风险，荷兰父母不会为此感到担忧和不安吗？作者提到，荷兰人懂得理性地看待和应对风险，家长注重培养孩子独自应对风险的能力，让他们逐渐学会如何评估和规避风险。此外，在荷兰的街头巷尾总能发现供孩子自由玩耍的场地，如专门为孩子设计的配有滑梯、双杠、沙水区等小型游乐场，这为孩子提供相对安全的玩耍空间。更重要的是，他们理解自由玩耍和户外活动对于孩子发展的重要意义。通过玩耍，孩子们学习自己做决定，练习与他人协商与合作，进行自我探索与发现。对孩子们来说，这才是最好的学习方式，不允许孩子自由玩耍其实蕴含着更大的风险。

荷兰的育儿理念和方式是否适合我们呢？身处教育改革当下的我们，究竟能从荷兰育儿法中借鉴什么呢？在书中，作者透过对历史资料的回顾，以及对父辈和祖辈的采访，讲述了荷兰的育儿理念和方法所经历的变革与发展。这让行进在教育变革之路上的我们，看到了更多的可能性，能够从不同的视角去理解和思考教育。其实，不难发现，荷兰人对接纳和平衡的讲求，对简单和节俭的恪守，以及对于适性而教的注重，这些同样根植于我们民族的智慧中。透过向外看的过程，我们得以反观自己，反思我们在教育孩子的过程中究竟该看重什么和给予孩子怎样的支持。

让孩子拥有一个快乐的童年，的确需要家庭、学校和社会的共同努力，去营造一种儿童友好的成长环境。家庭作为孩子成长最为重要的环境，是孩子快乐成长的重要源泉。营造包容、轻松的家庭氛围，给予孩子更多的理解和接纳，为孩子的快乐成长提供更多的滋养，不妨从多陪伴孩子开始吧，去耐心倾听孩子们讲述他们的小世界里所发生的故事，养育快乐孩子的秘密或许便藏在这里。

郭子辰

2017 年 9 月

图书在版编目（CIP）数据

荷兰育儿法：养育全世界最快乐小孩的秘密 /（美）瑞娜·梅·阿科斯塔
（Rina Mae Acosta），（英）米歇尔·哈奇森（Michele Hutchison）著；
郭子辰 译 . —北京：东方出版社，2018.1
书名原文：The Happiest Kids in the World：Bringing Up Children the Dutch Way
ISBN 978-7-5060-9896-0

Ⅰ.①荷…　Ⅱ.①瑞…　②米…　③郭…　Ⅲ.①家庭教育—荷兰
Ⅳ.① G78

中国版本图书馆 CIP 数据核字（2017）第 226494 号

版权合同登记号：01-2017-2818

荷兰育儿法：养育全世界最快乐小孩的秘密
（HELAN YUER FA：YANGYU QUANSHIJIE ZUI KUAILE XIAOHAI DE MIMI）

- -

作　　者：（美）瑞娜·梅·阿科斯塔　（英）米歇尔·哈奇森
译　　者：郭子辰
责任编辑：戴燕白
出　　版：东方出版社
发　　行：人民东方出版传媒有限公司
地　　址：北京市东城区东四十条 113 号
邮　　编：100007
印　　刷：北京联兴盛业印刷股份有限公司
版　　次：2018 年 1 月第 1 版
印　　次：2018 年 1 月第 1 次印刷
开　　本：880 毫米 × 1230 毫米　1/32
印　　张：8.25
字　　数：210 千字
书　　号：ISBN 978-7-5060-9896-0
定　　价：49.80 元
发行电话：（010）85924663　85924644　85924641

- -

版权所有，违者必究
如有印装质量问题，我社负责调换，请拨打电话：（010）84086980--823